京都政策研究センターブックレット No. 3

地域力再生とプロボノ

行政における
プロボノ活用の最前線

企画

京都府立大学 京都政策研究センター
KYOTO POLICY INSTITUTE

編著

杉岡秀紀

著

青山公三・鈴木康久・山本伶奈

公人の友社

目次

はじめに

２０１０年は「プロボノ元年」と呼ばれる。確かにわが国では新しい言葉かもしれないが、プロボノそのものは決して新しい概念ではない。その歴史を辿ってみると実に四半世紀以上の蓄積がある。その意味では、「プロボノ元年」とは、わが国に限った概念であると理解すべきである。

プロボノはラテン語の「Pro Bono Publico（公共善のために）」を語源とし、「社会的・公共的な目的のために、自らの職業を通じて培ったスキルや知識を提供するボランティア活動」を意味する。この定義からすれば、いわゆる無償ボランティアとは違う。また、有償のプロフェッショナルサービスとも違う。ある意味でその中間と言えるし、またある意味ではそのハイブリットとも言える。ともあれ、「公共（善）のため」という点に最大のメッセージ性があり、公共サービスの担い手である行政やＮＰＯとは切っても切れない今日的なキーワードとなっている。

ただし、わが国のプロボノの歴史を紐解いてみると、プロボノは企業とＮＰＯの間をつなぐものとして普及してきたこともあり、どちらかと言えば「公＝行政」からのアプローチが弱かった。そこで、本書では、行政の中でもとりわけ都道府県におけるプロボノ活用の意義あるいは政策的含意に注目するに至った。

ところで、京都府においては２００８年より府内の「地域力再生活動」を行う団体に対して、各分野の先駆者や専門家によるアドバイザーを派遣する「地域力再生活動アドバイザー派遣事業」を実施してきた。２０１４年5月現在で92名が登録し、活動している。その分野もまちづくり、子育て支援、中間支援団体、環境ＮＰＯ、若者就労支援、政策づくり、マスメディア、起業家育成、ＩＴサポート、アート、女性の就労支援、環境教育、農業系、若者の活動サポート、広報、と実に幅広い。ただし、この制度は一団体につき年一回までしか使えない、企業人の参画が少ないなど、従来のプロボノに比べれば、やや単発的かつ個人的な形式となっている。つまり、先駆性はありこそすれ、いわゆるプロボノではない。

そこで、本年、本センターと京都府府民生活部府民力推進課では、プロボノに係る研究会を立ち上げ、わが国におけるプロボノ、米国におけるプロボノの実態、京都府における現行の「地域力再生活動アドバイザー派遣事業」等の検証を行った。本書はその協働研究の成果の一部を取りまとめたものである。

京都におけるプロボノ、すなわち京都府版プロボノはこうした調査研究を踏まえ、すでに新しい展開を見せているが、本書が京都だけでなく、他地域における地域力再生とプロボノ実践の何かしらのヒントを提供できれば望外の喜びである。

京都府立大学京都政策研究センター

第1章　プロボノとは何か

杉岡秀紀

本章ではプロボノの概要について概説する。具体的には、プロボノの定義や起源、狭義のプロボノと広義のプロボノの違い、ボランティアやビジネスとの共通点や相違点、米国でプロボノが広がった背景、プロボノ団体、セクター別にみたわが国のプロボノの現況と課題、プロボノへの期待について整理する。

1　プロボノの定義

プロボノとは、端的に言えば「社会的・公共的な目的のために、自らの職業を通じて培ったスキルや知識を提供するボランティア活動」（嵯峨２０１１：24頁）のことである。その語源はラテン語の「Pro Bono Publico」であり、英語で言えば、「For Good Public」、すなわち、「公共善のために」という意味である。国際的に確立された定義などはないが、本書ではプロボノをひとまず「職業を通じて得た専門的知識やスキルを持った複数の社会人が、セクターを越えて、外部の視点から一定期間ＮＰＯ等に関わり提供される専門的な知見やノウハウ、及びボランティア活動」と定義し、以下論を進める。

わが国では２０１０年が「プロボノ元年」とされるようにプロボノの歴史はまだ浅い。また、その多くが企業の社員有志によって担われてきた。プロボノはいわゆる無償ボランティアや有償のプロフェッショナルサービスとは違う。ある意味ではその中間的な概念であり、またある意味ではそのハイブリットな概念である。ともあれ、企業のＣＳＲ（Corporate Social Responsibility：社会的責任）活動や社員の新たな働き方あるいは社会との新たな関わり方として、また、新しい公共サービスの担い手として登場し、ＮＰＯ[1]を中心とする公共を支える組織の弱点を補完する存在として昨今注目を集めるに至った。

２　プロボノの起源

プロボノはもともと欧米において、１９７０年代中頃[2]から無料法律相談など、主に「法曹による無償の公益的活動[3]」の意味で使用されてきた（梅田２０１２：95頁）。つまりプロボノは四半世紀以上の歴史があり、このことからも決して新しい概念ではないことが分かる。本書ではこれを「狭義のプロボノ」と称する。しかし、２００１年に米国サンフランシスコで設立された「Taproot Foundation」[4]（詳細は第３章）の活動の広がりからプロボノの定義が広義化し、「広義のプロボノ」、すなわち本書でいうところのプロボノに変容していった（梅田２０１２：99頁）。ともあれ、プロボノを論じる際は、「狭義」なのか、「広義」なのかを区別する必要がある[5]。

それでは、わが国においてはどうであろうか。歴史を遡ると、実は米国と同じく法曹界[6]を中心とする「狭義のプロボノ」の歴史を確認できる。しかし、２００３年に、Taproot Foundationの日本版とも言える特定非営利活動法人サービスグラント（以下、サービスグラント）が設立されたこと、また２００９年に時の政権が「新しい公共」を標榜し、全国的にＮＰＯ支援政策が展開されたことなどがあいまって、多くのメディアでもプロボノが取り上げられるに至り[7]、米国同様にプロボノの意味が広義化し、現在に至っている。

3　狭義のプロボノと広義のプロボノ

それでは、わが国におけるプロボノ研究はどうであろうか。結論から言えば、先行研究でも基本的には大きく「狭義のプロボノ」「広義のプロボノ」の2つの潮流を確認できる。

まず「狭義のプロボノ」については、わが国の多くの弁護士が所属する「日本弁護士会」「日本弁護士協会」「日本弁護士連合会」、多くの司法書士が所属する「日本司法書士会連合会」[8]などの貢献が大きい。例えば高山は「米国の法律事務所の多くは、プロボノ・ワークと称して、低所得者や公益法人その他公共の福祉に資する団体に無償ベースでの法務サービスを提供する」（高山1998：36頁）と米国のプロボノをかなり早い段階でわが国に紹介している。ピーター・スターン／阪田（2004）、池永（2010）なども基本的に類似の論考であるが、いずれもプロボノ元年以前の発表であることに注目したい。とはいえ、これらはいずれも米国の事例紹介に留まっており、基本的にわが国への応用可能性に触れるものではなかった。

次に多いのは弁護士界における事例研究である。たとえば藤野（2001）、林（2005）、小海（2005）、高橋（2005）はプロボノも含めた弁護士の公益活動の義務化[9]について論じたほか、「弁護士のプロボノ活動という言葉はよく知られている」（藤野2001：24頁）、「プロボノ活動という概念は決して高尚なものでも特別なものでもなく、当たり前のことを当たり前に行っていくための法律家の便法にすぎない」（小海2005：22頁）とあるように、弁護士界における「狭義のプロボノ」はこの当時にはかなり普及していたことに注目したい。また一口にプロボノと言っても、その活動は多岐にわたる[10]。また、これらの先行研究からは弁護士個人ではなく、業界としてプロボノに対してアクションを起こそうとする様子も窺い知れる[11]。

隣接分野である司法書士界においても基本的に同様で、多くの事例研究の蓄積がある。たとえば角田（2003、2005）、小林（2012）などが代表的であるが、ここでは「プロボノ活動とは、（中略）儲からないことかもしれないが、社会のために力を出しあいましょうということ」（角田2003：36頁）、「プロボノ活動で、（中略）困っている人を助けたい、よりよい社会システムをつくりたい」（角田2005：3頁）と「広義のプロボノ」を匂わせる言及もある。いずれにせよ、司法書士界も弁護士界と同じように、「プロボノ活動は公益活動として責務」と位置づけている。

ともあれ、こうした法曹界の先行研究には、本書で照射する「広義のプロボノ」や都道府県など行政を絡めたプロボノ活用例につながる論考や記述はほぼ皆無であった。換言すれば、法曹界を中心とする「狭義のプロボノ」と本書で言う「広義のプロボノ」との間には、「公共善のために」という共通点はあるものの、その歴史や対象とするもの、専門性の解釈、義務化の必要性などを巡り、大きく距離感があると言える。

それでは「広義のプロボノ」の先行研究についてはどうだろうか。こちらについては大きく①サービスグラントなどプロボノ団体[12]をテーマにしたもの、②企業におけるプロボノ実践をテーマにしたもの、③その他、に大別できる。①については、嵯峨（2011）と佐々木・塚本（2013）が代表的である。嵯峨（2011）は、プロボノの定義や意義、サービスグラントの事業、海外でのプロボノ事情などを体系的に紹介した。ただし、ここでは行政という視点よりもどちらかというと企業によるプロボノ活用視点にウェイトが置かれている。一方、佐々木・塚本（2013）は、「米国に比較して規模が小さい理由は、国や自治体の支援が少なく、個人の活動に留まる例が多いため（中略）国や自治体、企業などの意識が低いと言わざるを得ない」（佐々木・塚本2013：66-67頁）と、わが国ではプロボノに対して、行政や企業からの支援が弱く、今後より一層の関与が求められることを指摘した。ちなみに行政によるプロボノについては「自治体職員のプロボノ参加」と「プロボノ活動の間接サポート」の2パターンの関わり方がある。なお、その他にも阿部（2010）、労働調査会（2011）、大阪ガス（2013）、近藤（2014）などもあるが、そのほとんどがサービスグラントの紹介に留まっている。

②については、滝田（2010）、池田（2012、2013）などの論考がある。ただし、これらのほとんどは日本企業で初めて組織的にプロボノを導入した企業とされるNEC[13]に関する論考である。したがって、一見するだけでは都道府県をはじめ行政によるプロボノ活用とは直接結びつかない。しかしながら、「（プロボノを通じて）社員の社会性や社会的好感度を高めることができる」（滝田2010：47頁）、「社員の自発性が生まれた」（同：48頁）、「社員同士のつながりによって得られたスキルや情報、ノウハウなどの共有も有益だった」（同：49頁）といった指摘は、企業だけでなく、行政にも当てはまり得るもので示唆深い。なお、こうした企業によるプロボノ活用の動きは外資系含む大手企業[14]にも広がってきている（池田2012：22頁）。

最後③については実に多様である。例えば、遠藤（2011）はアクティブシニアによるソーシャルビジネスの一環として、そこにつながる個人のスキルアップ、人的なネットワーク構築の手段としてプロボノを紹介した。次に高橋（2012）は、コンサルタント会社が行うプロボノが社会貢献だけでなく、若手コンサルタントの技能形成に寄与するかどうかの検証をした。そこでは、プロボノ経験を通じて「本業に対して視野を広げられる」「管理する側の視点を持つことができる」「本業とは別の新たな手順を創り出したり、あるいは落としどころを見つけたり対処方法が身に付く」といった効果があることを明らかにした。他方で、プロボノに参加した全員に同じ効果が出た訳ではないとの課題も指摘されている。あとは東日本大震災で壊滅的な打撃を受けた図書館の復旧・復興にプロボノが有効であることを紹介した米沢（２０１２）などの蓄積があるが、本書の関心とは距離がある。

４　プロボノとボランティア、ビジネス

ところで、プロボノは米国では「ホワイトカラーボランティア」と呼ばれることもあるが、ボランティアやビジネスとの共通点や相違点はどうなっているのであろうか。内閣府が２０１１年度に行った『国民生活選好度調査（N＝２８０２人）』によれば、「これまで参加したかったが、今後は自ら参加したい」と回答した人が33・５％（９３８人）おり、「これまでも参加していたが、今後はもっと活動を増やしたい」と回答した人を合わせると、約半数がボランティアに対して前向きな回答をしている。その意味では、「時間や労働の寄付がボランティアである」（近藤、２０１４）との見方もでき、プロボノとボランティアは非常に親和性が高いことが分かる。プロボノ発祥の地である米国でも、たとえば Taproot Foundation は「Volunteering Redefined（ボランティアを再定義する）」というキャッチコピーを使っている。

ただし、プロボノとボランティアの明確な線引きは難しい。その２つを見分けるポイントは、「提供される支援の内容が、その人がもし企業等を対象に役務を提供すれば当然にプロフェッショナルとしての対価や報酬を得られる仕事であるかどうか」だとされる（嵯峨、前出）。とはいえ、「有償ボランティア」という概念もあり、完全に差別化することはやはり困難である。他方、ビジネ

スとの差異は目的が「公共善」かどうかで判断ができ比較的分かりやすい。しかしながら、こちらについても近年はＣＳＲ（Corporate Social Responsibility）やＣＳＶ（Creating Shared Value）などの考え方が普及してきており、明確な差別化が難しくなってきている（**表1**）。

ともあれ、一般的なボランティアでは職業性やキャリアはあまり問われないが、プロボノではたとえば、広報・マーケティング・事業戦略などプロフェッショナルなスキルが必要とされる（大阪ガス、２０１３）、と考えるのが最も分かりやすい異同であろうか。

表1　プロボノ・ボランティア・ビジネスの比較

	ボランティア	プロボノ	ビジネス
目的	公共的・社会的な課題解決を目的とし、営利を目的としない。		営利を目的とする。
手段	職業上のスキルに限らず、幅広い参加方法がある。	専門的な知識や技術、スキルを活用する。	
対価	基本的に無償であることが前提であり、どこからも利益を得る見込みがなくても取り組む。有償ボランティアと言われるように、実費相当額は支援対象となる側が負担したり、第三者によって補填されたりする場合がある。		何らかの方法で利益を上げる見込みがある。

（出所）嵯峨生馬（２０１１）

5　米国でプロボノが普及した背景

次にこの分野で約10年先を行き、プロボノ大国と言われる米国でプロボノが普及した背景を確認する。

佐々木・塚本（２０１３）によれば、それは、以下の3点に集約される。1点は「知識社会の成熟度の高まり」であり、これは社会人一人一人が自らの専門性を認識し、その価値を発揮することで社会に貢献し給与を得たいと考える人が増えたということであろう。また、ＳＮＳなどのソーシャルメディアの普及もこれに拍車をかけた。この点はわが国においても、大学進学率がユニーバーサル[15]時代に入り、「知識基盤社会」や「ナレッジワーカー」という言葉が定着した今、まさに同じことが当てはまり得るであろう。ＳＮＳの普及率[16]についても申し分ない。

2点は「社会全体でWIN-WIN-WINの関係が構築出来ている」ことである。これは単にクライアントがプロボノにより助かるということだけでなく、プロボノワーカーにとっても、コンサル実戦の経験が積める、様々な高度人材との人脈ができる、場合によってはクライアントに転職できるなどのメリットがあるということである。加えてプロボノを派遣する企業にとっても、企業が営利目的だけではいけないということを知らしめることができＣＳＲや中間管理職研修の一環になっている面がある。さらに、社会全体にとっても、失業率が改善するという効果あるいは傾向も報告されている。翻って、わが国においてはプロボノがまだ普及段階にあることもあり、

ＣＳＲに積極的な一部の大企業やボランタリーかつ意識の高い一部の拡がりに留まっている。しかしながらプロボノ登録者やそのマッチングの動きは年々増加傾向にあり、ある意味でこれは時間の問題と言えるかもしれない。

３点目は「スキル管理やマッチング機能などのインフラ機能の普及」である。これは第３章で詳察するTaproot Foundationがまさに好例であるが、米国では、スキルを提供したいボランティアとそれらのスキルを活かしたいＮＰＯをマッチングさせる仕組みが確立している。この点はわが国においてもまさに日本版Taproot Foundationとも言えるサービスグラントはじめ、複数のプロボノ団体が台頭してきており、今後期待が持てそうである。当然のことながら、米国とわが国では、社会構造や制度、歴史などが違うため単純比較はできない。しかし、それでもなお米国から示唆される点は少なくない。

6　プロボノ団体

わが国にはTaproot Foundationに影響を受けたサービスグラントや特定非営利活動法人ソーシャル・ベンチャー・パートナーズ東京（以下、ＳＶＰ東京）、プロボノ・コンサルティング・ネットワークなどのいわゆるプロボノのマッチング団体（以下、プロボノ団体）が複数存在する。詳細は第２章に譲るとして、ここではその概要を紹介する。

一般的にプロボノは、５〜６人で１つのチームをつくり、週５時間を目安にプロジェクトに関わり、全員で7回程度の会議などを行い、半年後に成果物を提供するのが標準モデルである。プロボノ団体はこのマッチングのための全てのコーディネートの役割を担っている。プロボノへの参加者は、米国に比べれば、母数そのものはまだ少ないが、ワーカー数、プロジェクト数ともに右肩上がりに伸びている。嵯峨（２０１４）によれば、２０１４年10月30日現在で、サービスグラントの登録プロボノワーカー数は２２４４人、プロジェクト実施件数は１８６プロジェクト、佐々木・塚本（２０１３）によれば、２０１３年現在でプロボノ・コンサルティング・ネットワークの登録者は約２３０名、プロジェクト数は約70となっている。

とはいえ、わが国の場合、まだプロボノの歴史が浅いこともあり、①国や自治体の支援がなく、個人の活動に留まる例が多い、②従業員を積極的にプロボノに参加させる企業が少ない、③マッチング機能を持つインフラ、すなわちプロボノ団体がまだ未発達、と指摘されている（佐々木・塚本、前出）。これはすなわち米国などに比してプロボノ団体が職業として成り立つ段階にはまだ至っていないということを意味する。

7　プロボノとNPO

プロボノとＮＰＯは切っても切れない関係にある。この意味を理解するためには、まずわが国のＮＰＯの現況を押さえておかなければならない。

１９９５年の阪神淡路大震災を受け、１９９８年に市民立法（議員立法）により「特定非営利活動法人促進法（以下、NPO法）」が制定され、多くの任意団体やボランティア団体が特定非営利活動法人という法人格を取得できるようになった[17]。行政を第1セクター、企業が第2セクターとするならば、NPO（NPO法人を含む）は第3セクター（Third sector）に位置づけられ、セクターとしての確立も期待されている。実際、内閣府によれば、現在のNPO法人数は4万9310法人[18]であり、まもなく5万の大台に乗る勢いである。この数字を多いと見るか、少ないと見るかは判断が分かれるところであるが、例えば、全国に点在する郵便局が全国に約2万4502店舗[19]、コンビニが5万1363店舗[20]という数字を踏まえれば決して少なくない数字である。したがって量的側面だけをみれば確かにセクターに括れるかもしれない。とはいえ、歴史的な蓄積の乏しさもあり、雇用面や財政面、マネジメント面など質的側面からその実態を見ると、他のセクターに比して非常に心もとない現状が浮かび上がってくる。内閣府が全NPO法人を対象に実施した「平成25年度特定非営利活動法人に関する実態調査（回収率29・8%。n数＝1万3130）」によれば、職員数の中央値は5名（うち有給職員は3名、常勤有給職員となると1名）、ボランティア数の中央値は10名、総収入の中央値は662万円、総支出額の中央値は618万円、経理専門の担当者がいる割合30・6%、自身のホームページで情報公開している法人は40・1%[21]であり、米国などNPO先進国とは違い、「就活の候補先」[22]にはなり得ていない。俗にNPOが「人なし、金なし、暇なし」と揶揄されたり、「男性の寿退社」が止まらない所以である。

ともあれ、プロボノは、こうしたNPOを取り巻く概況、とりわけその課題解決の旗手、そして新たな市民社会セクターの担い手として登場した。したがって、切っても切れない関係なのである。ただし、プロボノの対象が全てNPOであるという訳ではない。中には行政機関、学校、保育園、病院、福祉施設などの公共的な性質を持つ機関や中堅・中小企業、ベンチャー企業を対象とする場合もある。

8　プロボノと企業

プロボノと企業の関係には両義性がある。つまり、1つは「支援される側（プロボノ受入側）」として、いま1つは「支援する側（プロボノ派遣側）」としてである。

前者の例としては、たとえば、地域活性化や産業創造などの観点から、地場産業の再生に取り組む中小企業や社会課題の解決をうたうベンチャー企業を対象にプロボノが送り込まれるケースがある。ただし、圧倒的に多いのは後者の「支援する側（プロボノ派遣側）」の顔で、NECやゴールドマンサックス、パナソニック、マイクロソフト、三井住友銀行といった大企業の社員がNPOの営業資料の作成をしたり、業務フローを設計したりといった事例が多く報告されている（池田、2013）。

その中でもとりわけNECの「社会起業塾[23]ビジネスサポーター」というプログラムは企業によるプロボノの嚆矢とされる。池田（前出）によれば、NECでは、社会貢献プログラムの推進の中期テーマ[24]や基本方針[25]まで策定されており、まさに全社的に推進されているのが特徴である。また、圧倒的に20〜30代の若手社員の希望者が多く、男性よりも女性の方が社会貢献活動に積極的という傾向も見られるという[26]（池田，２０１０）。

企業によるプロボノの主なメニューとしては、①ウェブサイトの構築あるいはリニューアル、②印刷物の作成、③プレゼンテーションの作成あるいは補助、④プログラムの運営マニュアルの作成、⑤その他（顧客管理、在庫管理の改善・強化など）などが多い。なお、ＮＰＯ側が負担する費用は原則無償であるが、印刷代などの経費や交通費などは実費精算だという。普通に依頼すれば２００〜３００万円掛かるものもあることを鑑みれば、資金難が多いＮＰＯにとってはかなり重宝したい仕組みであることが分かる。

社員がプロボノに参加する動機あるいはメリットとしては、①社員自身が己のスキルの汎用性を知ることができる、②職場以外のネットワークが広がる、③相手方のＮＰＯと協働することで、社会の様々なことへの問題意識が芽生える、④社員同士の会社の仕事を越えたつながりが生まれる、⑤自分の働き方を見直し、ひいては生き方を見つめ直す、といった点が挙げられている（大ガス、前出）。

ともあれ、プロボノを通じて企業人の多くは、「仕事と余暇のあり方」「ビジネスとボランティアのあり方」「個人と公共のあり方」を再考するきっかけになり、一言で言えば「社員の自発性や社会性、社会的感度を高める」ことにつながっている（池田，２０１２）。一方、企業としては、人材の活性化、仕事のモチベーションアップにつながるなど中長期的には組織の発展に結びつくメリットを認識している。このことから、プロボノとはまさに、ＮＰＯと企業双方にとってWin-Winな仕組みになっており、出会うべくして出会ったと言える（労働基準広報，２０１１）。

9　プロボノと行政

　それでは、本題であるプロボノの動きと行政との関係はどうであろうか。実は、近年少しずつ行政におけるプロボノ活用が広がって来ている。関わり方としては、先述した通り、①自治体職員が個人としてプロボノ活動に参加する場合、②プロボノ活動を間接的にサポートする場合、に大別できる（佐々木・塚本、前出）。前者であれば、自治体職員のもつ「情報・専門知識」により直接ＮＰＯ等に助言、後者であれば、会議室などの無償貸与[27]やマッチング組織の認定を行ったり、実際にマッチングしたり、ということが行われている。その多くは「地域づくり支援」「ＮＰＯ支援」施策として展開されていることも多い。

　嵯峨（２０１４）の分類によれば、**図１**のように縦軸を「専門的–一般的」軸、横軸を「普及啓発–実行支援」軸で取った場合、プロボノはアドバ

図１　プロボノの位置づけ

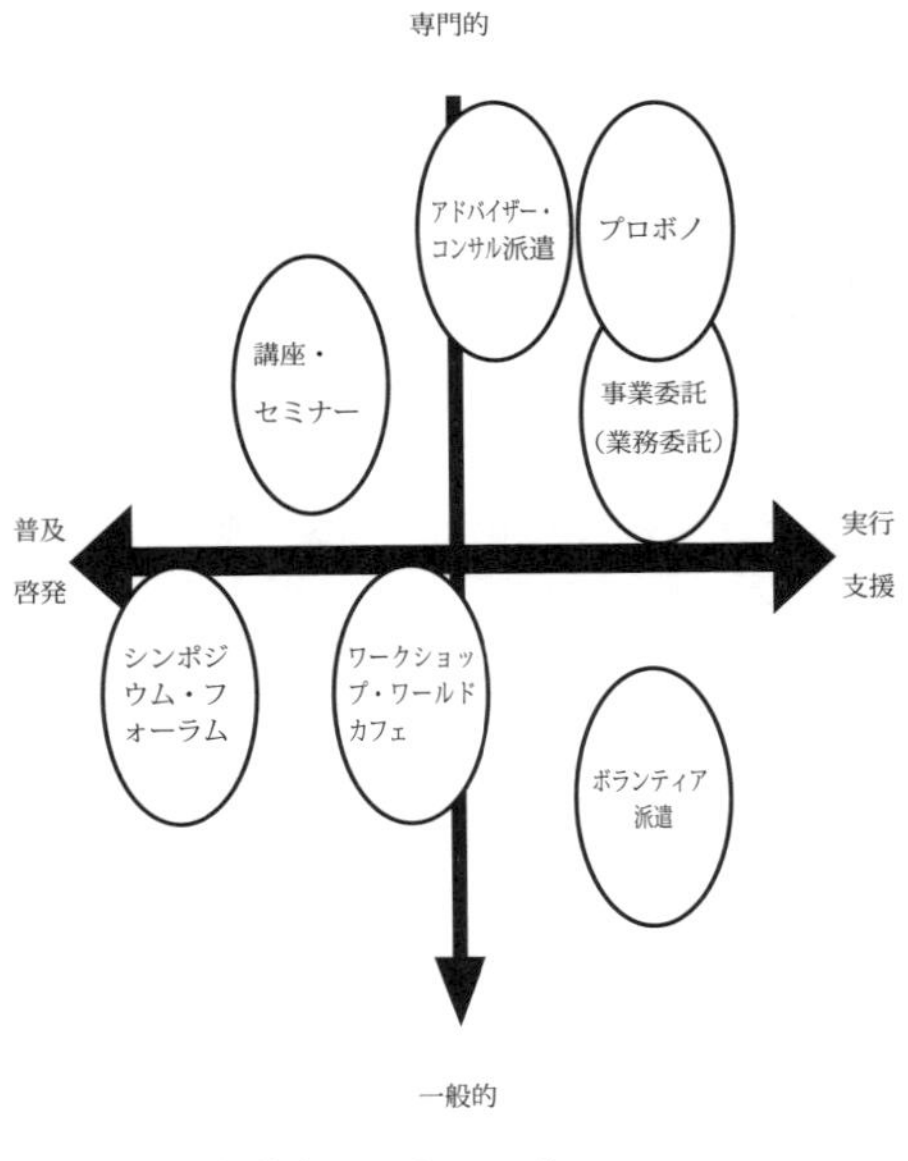

（出所）嵯峨生馬（2014）

イザーやコンサル派遣よりも実行支援の力が強く、また専門性も通常のボランティアや業務委託よりも高いところに位置づけられる。当然のことながら、これ以外にも例えば軸を「ワンポイント‐事業基盤」軸にしたり、「市町村‐都道府県」軸にしたりなど様々な分類が可能である。

10　行政におけるプロボノ活用への期待

行政がプロボノを活用することで期待されることとは一体なんだろうか。それは大きく３つある。１つは、重要施策を重点的に推進できることである。すなわち、地域外からプロボノワーカーを招へいすることで、地域のリソース不足を補い、地域社会における重要性の高い施策に対して重点的に取り組めるということである。２つは、発信力向上や基盤強化に寄与できることである。言い換えれば、広報やマーケティングを支援することで、重要施策の発信力が高まったり、自立的な事業運営に向けた基盤強化を図れるということである。最後３つは、地域の人材育成効果が期待できるということである。つまり、プロボノワーカーとの協働を通じて、新しい人のつながりができる。同時に、それが地域住民に対する刺激を生み、地域の人づくりにつながるということである。

ともあれ、一言で言えば、プロボノは行政にとっても「変革に必要な実行力・推進力を補強する強力な助っ人」になっている。

なお、行政におけるプロボノの協働事例は、**表2**のとおり、①直営型、②地域交流型、③人

表２　行政におけるプロボノ事例及び実績

モデル	行政機関名	年度	対象	内容	件数	ワーカー数
①直営型	神奈川県	2010 年度	NPO	広報	2	15
	大阪市	2012 年度～	地域活動協議会	広報、計画、企画等	21	94
	奈良県生駒市	2014 年度	NPO・地域活動団体	広報、資金	5 ～ 10	30 ～ 40
②地域交流型	兵庫県豊岡市	2011 年度	豊岡市 HP	広報	1	5
	北海道下川町	2011 年度	町特設 HP	HP	1	5
	観光庁	2011 年度	被災地復興支援団体	HP	2	8
	環境省	2013 年度	国立公園	資料作成	1	5
③人材育成型	広島県	2011 年度～2012 年度	NPO	広報、計画	2	10
	佐賀県	2011 年度～2012 年度	NPO	広報、戦略	6	30
	鳥取県	2011 年度～2012 年度	NPO	広報、戦略	3	15

（出所）嵯峨生馬「行政職員のためのプロボノセミナー」レジュメ（2014）より筆者加筆・修正

材育成型、④その他（その組み合わせなど）の大きく４つに分類できるが、行政と言っても国から地方まで様々である。ただし本書では、都道府県におけるプロボノ活用に注目する観点から、国や基礎自治体は除外し、都道府県におけるプロボノ活用に絞り、以下考察していく。

第2章　わが国におけるプロボノ

杉岡秀紀

本章では、わが国におけるプロボノの先進事例を紹介する。具体的には当研究会のヒアリング調査[28]に応じてくれたプロボノ団体４団体と行政２団体を順に考察し、行政におけるプロボノ活用の実際を確認する。

１　プロボノ団体の事例

(1) 特定非営利活動法人サービスグラント[29]

サービスグラントは２００５年に設立されたＮＰＯ法人である。グラントとは「助成」の意で、「人による助成」すなわちプロボノの理念そのものが団体名に込められている。設立の経緯は当時シンクタンクの研究員であった嵯峨生馬氏が米国調査の際にTaproot Foundationの存在を知り、日本にもプロボノの仕組みが必要と感じたところに端を発する。とはいえ、設立当初の3年間は十分な資金的支援を得ることが難しく、年間予算も数十万円程度であったという。ところが2009年に日本財団からの助成を得ることができ、これが法人の基盤強化へと大きく寄与した。その後は企業や行政[30]からの受託事業が伸び、スタッフを雇用できる段階に移行した。

サービスグラントの登録プロボノワーカー数は2014年10月30日現在で2244人とプロボノ団体で日本最大規模を誇り、現在までに186のプロジェクトが実施された。登録者の8割は20～40代で、属性は会社員が多いものの、実際公務員の登録もあるという。男女バランスは6：4と男性がやや多い。サービスグラントが実施した調査[31]によれば、プロボノによる成果物に対して92％のNPO等支援先が満足しており、82％のプロボノワーカーがもう一度プロボノに参加してみたいと回答している。

NPO側は年3回サービスグラントにプロボノ希望を出すことが出来るが、マッチングまでにサービスグラントのコーディネーター[32]から詳細なヒアリングを受けること、プロボノの受入に係る交通費や会議費、資料代などの経費をNPO側が負担することが条件である。支援先NPOの活動分野は、多い順に医療・福祉、子ども・教育、女性支援、環境、平和・人権、文化芸術、若者支援、国際協力、復興支援、その他となっており、実に幅広い。また、依頼内容はウェブサイトの構築が最も多く、次いで印刷物作成、業務フロー設計、営業資料作成、事業計画立案、寄付管理、マーケティング基礎調査、プログラム運営マニュアル作成、ブランティングと続く。

サービスグラント

SVP 東京

代表である嵯峨生馬氏に課題を伺ったところ、過去にプロボノワーカーがプロジェクト途中に音信不通になったり、プロボノの提供した成果物とＮＰＯのニーズが合わなかったりしたことがあったという。しかし、逆にそうした経験がそれ以降の事前マッチングや進捗管理の仕組みの改善につながったようだ。

わが国におけるプロボノはサービスグラント抜きには語れないと言っても過言ではなく、その貢献は実に大きい。そして、サービスグラントの実績からも、プロボノワーカーとしての公務員が果たせる領域やニーズは十分にあり、公務員が持っているスキルやノウハウがＮＰＯや市民社会セクターに貢献しうることを確認できる。

（２）特定非営利活動法人ソーシャルベンチャー・パートナーズ（ＳＶＰ）東京[33]

ＳＶＰとはSocial Venture Partnersの略で、ＳＶＰ東京は、２００３年に、アジア初のSocial Venture Partners Internationalの加盟団体として設立された（２０１２年に法人化）。団体名称にはプロボノという言葉が入っていないが、わが国を代表するプロボノ団体の一つである。ミッションは、ソーシャルベンチャーの成長と社会的な課題に対し革新的な進歩をもたらそうと試みる個人を生み出していくことであり、志ある個人に機会と出番を作り、当事者性を生み出す仕組みを作っている。

ＳＶＰ東京では、プロボノワーカーのことをパートナー、支援先はソーシャルベンチャーと呼ぶ。２０１４年5月現在、パートナー数は１１４名であり、主にコンサルタント、金融、経営者、メーカー、メディア、士業、研究者、公務員などで構成されている。年齢層は実に幅広く、20代～70代のメンバーがおり、平均年齢は30代後半だという。

事業規模は年間約2000万円であり、その内訳はパートナー年会費（9万7000円）と法人からの寄付で成り立っている（内訳は6：4程度）。つまり、SVP東京は、逆有償（自らお金を払って）プロボノを展開するモデルと言える。また、NPOをはじめ支援団体に対しては2年間のプロボノ支援を行うだけでなく、毎年100万円を団体に投資している。すなわちヒトだけでなくカネの支援も同時に行っている。また、投資という言葉を使用しているが、企業とは違い、団体への見返りは期待していない。還元先は社会にと断言する。

支援する団体のマッチングについては、特定のコーディネーターではなく、パートナーが自らヒアリング調査を行い、全員参加する経営会議により決定している。当然のことながら、この方式は非常に骨の折れるプロセスで時間も労力も掛かる訳だが、SVP東京では、「自ら支援したい、投資したいと思うかどうか」という主体性に重きを置いている。ただし、交通費もパートナーの自己負担であり、ややパートナーの負担が大きくなり過ぎているという所は課題である。

行政や公務員の関与については、パートナー114名のうち、5～6名が公務員（所属は内閣府、経済産業省、総務省、台東区など）である。代表の岡本拓也氏によれば、「行政職員は志が高く、社会のために何かしたいという思いを持っているため、SVP東京が目指すところとも親和性が高い」という。また、公務員の多くはNPOが比較的弱いとされる議事録作成、文書作成など組織基盤の強化につながるスキルで活躍しているケースが多いようだ。

ともあれ、本事例からは、①プロボノ全体の質向上のためにはプロボノワーカー（パートナー）が当事者性を持つ仕組みが必要であること、②プロボノワーカー（パートナー）の派遣だけでなく、財政的な支援を組み合わせることが有効であること、③公務員がプロボノとして貢献できる一番のスキルは文書作成能力であることが確認できる。

（3）プロボノ・コンサルティング・ネットワーク[34]

プロボノ・コンサルティング・ネットワークは任意団体であるが、プロボノ団体の中では比較的歴史があるプロボノ団体である。ある総合研究所のコンサルタントが2009年に創設した。当時はまだプロボノという言葉が一般的でなく、ベンチャーの新規事業についての勉強会からスタートしたという。プロボノ・コンサルティング・ネットワークのミッションは、「人」と「知識」の間をつなぐ「人知識」という考えであり、この考え方に共感したメンバーが集まっている。

現在はパートナーが4人、スーパーバイザーが2人、リーダーが12人、コンサルタントが80人所属し、その他、プロボノ・コンサルティング・ネットワークでは、プロボノワーカーにボランティア・コンサルタント（プロボノ・コンサルティング・ネットワークが運用するサイト「プロボネット」をクルーと呼ぶ）が200人登録している。そして、登録に際しては、会費（月額500円）を徴収しており、これが団体の運営資金やクルーの交通費の資金となっている。

プロボノ・コンサルティング・ネットワークのプロボノ実績としては、年20件（半年間で10件×2ターム）の支援で、1件あたり平均6ヶ月の期間、1グループは5～6人で構成している。

プロボノ・コンサルティング・ネットワーク

佐賀未来創造基金

プロボノコンサルティング・ネットワークの最も特徴的な点は、プロボノ対象にＮＰＯだけでなく、中小企業・ベンチャー企業も含めているところであろう。実際、その割合は、「ＮＰＯ７：中小企業・ベンチャー３」となっている。また、実際のマッチングの前に行う面談の段階（ＳＯＳ：Second Opinion Service）で解決する案件も多いという。

団体の課題について、設立メンバーの一人でありパートナー兼事務局を務める塚本恭之氏に伺ったところ、「クルーは問題解決を意識しすぎるため、つい安易な「課題解決」の誘導をしてしまいがちになり、相手に寄り添い、話を聞き、本質の課題をともに考える「プロセス・コンサルテーション」がプロボノでは抜けがちになる」という点を指摘していた。これはプロボノを一方通行的なものや自己満足で終わらせないための本質論であろう。

ともあれ、本事例からは、①プロボノの対象にはＮＰＯだけでなく、中小企業・ベンチャー企業を含め得るということ、②最初の事前面談により、解決するプロボノもあるということ、③プロボノ団体が交通費などの経費の補助をすることでクルーの金銭的負担を極力抑えられ、プロボノ活動をしやすい環境を整えられることが確認できる。

（４）公益財団法人佐賀未来創造基金[35]

佐賀未来創造基金は、ＮＰＯ法人佐賀県ＣＳＯ推進機構、認定ＮＰＯ法人地球市民の会、ＮＰＯ法人さが市民活動サポートセンターが、財団設立の構想を県に提案し、２０１３年11月に公益認定を受けた公益財団法人である。佐賀県におけるプロボノは２０１３年度まではさが市民活動サポートセンターが中心を担っていたが，２０１４年度からは佐賀未来創造基金に一本化された。なお，佐賀ではＮＰＯという用語を使わず，志縁組織と地縁組織の総称としてＣＳＯ（Civil Society Orgnization）という呼称を使用している。

２０１３年度に実施したプロボノの取り組みは「松竹梅助成プログラム」という名称で，佐賀県からの補助事業として展開している。具体的には「助成金とプロボノによる支援」「助成金による支援」「プロボノによる支援」をそれぞれ「松」「竹」「梅」とし，ＣＳＯが支援内容を選べるようなメニューを提供している。プロボノ自体の設計はＮＰＯ法人サービスグラントと同じスキームであり，実績としては，２０１４年10月19日現在で１４３名のプロボノワーカーの登録があり，現在までに９つのプロジェクトが実現している。一番特徴的なのは登録しているプロボノワーカーの属性で，佐賀県では企業人によるプロボノワーカーが少なく，公務員，とりわけ公立学校の教職員の登録が半数を占めるという。事務局長の江口嘉人氏によれば，「小中学校の教員は，学校現場だけで教育は完結しない。したがって，地域ぐるみで子どもを育てていくためにもまずは自らが地域を知り，地域を応援する必要性を感じているということではないか」とのことであった。また，基金に登録するプロボノワーカーの中には佐賀県民のみならず，佐賀県に「縁」のあるプロボノワーカー登録があり，ＣＳＯからの質問のうち，専門の人にしか答えられないことについては，オンライン上でプロボノがマッチングされることもあるという。この点はＩＴ社会におけるプロボノを考える上で面白い示唆を与えてくれる。加えて，本事例では，プロボノ期間の終了後のアンケートだけでなく，ＣＳＯとプロボノワーカーを集めてふりかえりの会を開催し、事務局も参加している。こうした顔と顔の見える場の設計がプロボノの量と質を向上させるために機能していることは言うまでもない。

ともあれ、本事例からは、①プロボノワーカーとして、多くの公務員が地域に貢献したいというニーズがあること、②プロボノワーカーとして東京や京都など遠方のワーカーも組み合わせることが可能であること、そして③プロボノ（ヒト）だけでなく、そこに助成金（カネ）を組み合わせる方策が有効であることを確認できる。

2　都道府県の事例

(1) 神奈川県[36]

神奈川県ではＮＰＯ・ボランティア政策の一環として２００９年よりプロボノ関連事業を展開している。所管はボランタリー活動を総合的に支援する県域の拠点施設であるかながわ県民活動サポートセンターで、２００９年度にセンターのかながわコミュニティカレッジ特別講座としてプロボノ入門講座を実施した。翌年度には、かながわプロボノプロジェクトと題したプロボノの実践講座を実施し、サービスグラントのコーディネートによりＮＰＯ法人２団体の支援プロジェクトを行った。しかし、その翌年は東日本大震災により業務が被災地支援優先に切り替わったため、２０１１年度から２０１２年度まではプロボノに関する事業は一時中止となった。２０１３年度から通常業務に戻り、この年は県内の中間支援組織におけるノウハウ蓄積を目的としたモデル事業としてプロボノコーディネーター養成講座を実施した。座学[37]と実際のコーディネート業務を経験する現場体験プログラムを組み合わせた実践的なカリキュラムで、受講した横須賀市の中間支援組織は２０１４年度から事業化に向けてイベントなどを行っている。しかし、この養成講座は学習時間が長くスケジュール調整が容易ではないことや、活動現場に深く関わることから受講の前提として関係者間の信頼関係が必要であることなど、受講者にとってハードルの高い講座であることが分かった。そこで、２０１４年度はプロボノ政策のあり方を模索すべく県内の公設中間支援施設などのニーズ調査をしつつ、より効果的な政策立案のための検討がなされている。

課題を県の担当者に伺ったところ、①

かながわ県民活動サポートセンター

複数の地域から実践例を発信することにより更に波及効果が期待できるが、現状、他の公設中間支援施設でプロボノの事業化に取組むという情報はなく、どの施設も少ない人材で運営に追われていることから新たな取組みは困難が想像されること、②県の広域的な役割として、現状に応じた普及方法などを地域と共に引続き検討する必要があることなどが挙げられるという。

ともあれ、本事例からは、行政におけるプロボノ活用というのはNPO支援政策の一環として明確に位置づけが可能であり、また、NPOの課題解決のためには直接行政が介入するだけではなく、NPOの中間支援組織にその機能を移転する方法があり得るということが確認できよう。そして、プロボノの理念や概要、また具体的なノウハウを学ぶことが出来る研修や講座の実施については、行政とNPOとの協働政策の一環として提供することが可能ということも示唆深い。

(2) 佐賀県[38]

佐賀県はCSO活動基盤支援政策の一環として、プロボノ関連事業を展開している。所管は男女参画・県民協働課で、きっかけは当時の担当者がCSO支援の事業アイディアとしてプロボノに興味・関心を持ったことであったという。具体的には、2011年度はサービスグラントの協力も得ながらNPO法人さが市民活動サポートセンターに委託し、県としてのプロボノの導入可能性を調査した。そして2012年度には導入可能性ありとの判断のもと、県は引き続き当NPO法人にプロボノの普及啓発及びプロボノのコーディネーション業務を委託した。

県職員や県内の市町村職員もプロボノワーカーに登録し、自らプロボノを実践した。なお、この実践は現在も人事異動と関係なく継続され、職員の自学自習的な研修として機能している。

担当者に課題を伺ったところ、プロボノの認知度が県内でまだまだ低いことと、プロボノだけでは収入につながりにくいため、プロボノ団体が持続可能な安定財源が確保できるかどうかが不透明なことの２点が課題であるということであった。これはこれから他の都道府県でも直面するであろう大きな課題と言える。

ともあれ、本事例からは、①プロボノがＣＳＯの活動基盤支援政策として明確に位置づけられることは言うまでもなく、②プロボノの推進に当たっては、都道府県と中間支援組織が協働しながら推進し得ること

佐賀県男女参画・県民協働課

が確認できる。そして、プロボノだけでなく寄付との組み合わせがＣＳＯの支援には有効であること、そして、何より公務員が自ら汗をかきながらプロボノに参加することが、ＣＳＯや地域の課題解決のみならず職員の人材育成につながり得るということも示唆深い。

3　まとめ

以上のプロボノ団体４団体、行政２団体の先進事例におけるヒアリング調査から見えてきたわが国におけるプロボノ活用の特徴及び到達点をまとめると、以下５点に集約できよう。

（1）わが国のプロボノは企業発あるいは企業中心で広がりを見せ、その多くは企業の社員個人による社会に対する志とスキルの提供によって成り立っている。

（2）その発信源の多くは東京を含む関東であり、とりわけサービスグラントのモデルが全国的にも広がっている。また、サービスグラントとは別のモデルのプロボノ団体もあり、どの団体も特徴的な活動を展開している。

（3）ＮＰＯから見れば、自団体だけでは解決できないノウハウや資金をプロボノによって調達できており、新たな課題解決の手法となり得ている。

（4）行政のプロボノ活用としては、①行政によるＮＰＯ支援事業としてプロボノ事業を展開するケースと、②プロボノコーディネーターを育成するなどプロボノを間接支援するケース、

③公務員自らがプロボノワーカーとしてＮＰＯ支援をするケースの３パターンがある。

（５）ただし、その場合においても行政単独のノウハウでは事足りず、サービスグラントなど外部のプロボノ団体との連携・協力が不可欠となっている。

第3章　米国におけるプロボノ

青山公三

本章では海外、とりわけ日本のプロボノに大きな影響を与えた米国におけるプロボノを代表するタップルート財団について概説する。

1　アメリカにおけるプロボノの歴史[39]

第1章のプロボノの起源において、プロボノは欧米で1980年代初頭から始まったと書いている。しかし実際にはプロボノ的活動は1942年に米国で非営利団体として広告評議会（The Ad Council）が設立された時に遡る。広告評議会は当時の広告業界、放送業界などの広告専門家を組織し、プロボノ集団としてアメリカの大衆に対して重要なメッセージ（標語）を発信し始めた。

例えば「口は災いのもと」（Loose Lips Sink Ships）とか、「山火事を防げるのはあなただけだ」（Only You Can Prevent Forest Fires）、さらに図形を使って「友人なら友人に飲酒運転をさせるな」（Friends Don't Let Friends Drive Drunk）等々、広告評議会の発するスローガンは、広くアメリカ人の心に文化として染み入っていった。

広告評議会設立後20年が経過した１９６２年、当時のケネディ大統領は、法曹界に対して、彼らの能力をもっと法廷での市民権の確立に使うべきだと説得し、「法の下の市民権のための法律家委員会」を設立させた。この委員会は個人の弁護士だけでなく、法律事務所のメンバー達もプロボノとして委員会に加わり、特にマイノリティ達の市民権の擁護や差別の解消、市民の教育に大きな役割を果たした。とりわけ南部地域では、トップの法律事務所が率先して法律センターなどを設置して、スタッフをプロボノとして配置し、学校での差別や雇用の差別解消などに取り組んできた。

このような努力が徐々に社会に浸透し、70年代から80年代にかけて、彼らの活動は全国的にも認められるようになってきたのである。このことから米国では80年代初めには、法曹界を中心にプロボノの考え方が一般的に認知されるようになってきたと言えよう。そしてこの頃から法曹界に留まらず、様々な分野でのプロボノ活動が、特に非営利団体を対象として行われるようになってきた。

そうした背景の中、２００１年にサンフランシスコでタップルート財団（Taproot Foundation）がプロボノの仲介役として誕生した。

2　タップルート財団(Taproot Foundation)設立と「A Billion ＋ Change」キャンペーン[40]

タップルート財団は、それまでの歴史的な様々なプロボノ活動を集約しつつ、あらゆる分野のプロフェッショナル達がコミュニティの中で活動する数多くの非営利団体に対し、円滑な支援ができるよう２００１年に設立された。とりわけ、タップルート財団が設立当初から始めた「サービス・グラント・プログラム」は、全米の何百もの非営利団体と社会の中枢を担うビジネスとの橋渡し役として大きな役割を果たしてきた。このサービス・グラント・プログラムは、２００７年には全米で非営利団体に対する最も大きなコンサルタント事業として認められるに至っている。

２００８年にはこのサービス・グラント・プログラムをさらに広範なプロボノサービスとして拡張していくため、タップルート財団の創始者であるアーロン・ハースト（Aaron Hurst）氏は、当時のブッシュ大統領に対し、ビジネスコミュニティが、彼らの様々なプロフェッショナルな能力を、もっと社会に役立てるような仕組みを作るべきと陳情した。この訴えは、２００８年に１５０以上の大企業や非営利団体のリーダー達がホワイトハウスに集まって開催された「企業ボランタリズムサミット（The Summit on Corporate Volunteerism）の場でなされた。その結果、ホワイトハウスが中心となったキャンペーン「A Billion ＋ Change（10億ドルによる新たな変革）」が打ち出された。

この「A Billion + Change」のキャンペーンは、ビジネスコミュニティからの10億ドルに相当するプロボノサービス提供を宣言させることにつながった。そしてオバマ大統領に代わってからも２０１０年には、５億ドルを積み増しし、２０１３年には、全米で５００社以上の企業から、２０億ドル以上に及ぶプロボノサービスの提供が宣言された。さらにこのキャンペーンは、２０１４年1月には、２０１５年の６月に向けて、５０００社以上の企業にプロボノサービスを提供するよう働きかけ、金額にして50億ドルに相当するプロボノサービスをアメリカ社会に必要度の高い分野に投入することを目標にしている。

「A Billion + Change」のキャンペーンが推進される前には、タップルート財団を始め、各種の専門分野の団体が推進してきた民間個人ベースのプロボノ活動が米国での中心的なプロボノ活動であったと言える。しかし、このキャンペーンを機に、米国の多くの企業がプロボノ活動を推進し始め、米国でのプロボノ活動が一気に広がりを見せてきた。これら企業のプロボノへの参加のパターンは多様であり、自らがその体制を作ってサービスを提供するところもあれば、タップルート財団のようなプロボノ活動のプロと組んでサービスを提供しているところもある。

3　タップルート財団のミッションとスローガン

前で見てきたように、タップルート財団は、米国のプロボノ活動展開において、それ自身の活動はもちろん、全米の企業を巻き込んだ活動展開にも大きな影響を与えてきたが、ここでは、タップルート財団のミッションとスローガンについて紹介する。

タップルート財団のミッションは、プロボノサービスにおいて、様々な分野のプロフェッショナル達を組織し、動員することにより、大きな社会変革をもたらしていくことにある。そのために様々な分野の多くのプロフェッショナル達を登録するとともに育成して、彼らの支援を必要とする非営利団体に派遣する。派遣されたプロフェッショナル達は、自分の専門領域の範囲に応じて、非営利団体の活動支援を行っていくものである。

タップルート財団のスローガンは、「Lead Nationally By Acting Locally（地域で活動することにより、全米をリードして行こう。）」である。そのため、全米で５つの大都市（シカゴ・ロサンジェルス・ニューヨーク・サンフランシスコベイエリア・ワシントンＤＣ）に事務所を持ち、各都市圏における社会的影響の大きいプロジェクトに傾注している。

4　タップルート財団の3つのコア事業

タップルート財団には３つのコア事業がある。最も大きなプログラムが、「サービス・グラント・プログラム」である。２００１年の財団設立以来、２０００以上のプロボノプロジェクトを実施し、延べ１３０万時間に及ぶプロフェッショナルの派遣時間を誇っている。このプロボノサービスをお金に換算すると、２００１年の設立以来、約１億３５００万ドルに及ぶプロボノサービスを提供してきた。このサービス・グラント・プログラムを実施するためには、プロボノサービスを提供するコンサルタントの募集と育成が必要であるとともに、非営利団体のニーズ把握が不可欠となる。

２つ目のコア事業が、「アドバイザリー・サービス」である。このサービスは企業が組織的に非営利団体にプロボノサービスを提供するサービスであり、多くの場合、非営利団体のメンバーが企業を訪問して、集団的、組織的な支援、助言、コンサルテーションを受けるものである。タップルート財団はそのマッチングと仲介を行っている。「A Billion ＋ Change」のキャンペーンが始まって以来、企業に支援対象を紹介する業務は大きく増加しており、今後ますますその役割は大きくなっていくものと考えられる。

３つ目のコア事業は、「支援体制づくり」である。この事業は、プロボノサービス活動を展開していくにあたり、プロボノ活動を主導的に進めている多くの財団や大学、企業、諸連合、諸団体等々の連携を図り、情報交流を進めつつ、プロボノ活動推進の協力体制を確立することにある。２０１２年より行われているイベント「プロボノ・ウィーク」は、全米のこうした関連機関を集めたイベントであり、２０１４年秋に開催された際には、全米から約50団体が参加した。さらにまたプロボノ活動の世界展開を図るため、タップルート財団は、ＢＭＷ財団とのパートナーシップにより、「グローバル・プロボノ・サミット」を２０１３年から開催しており、２０１５年２月にベルリンで開催されたサミットには、日本を含む18ヵ国から32名が参加した。

5　プロボノサービスの分野とニーズ[42]

タップルート財団が２０１１年に行ったプロボノサービスの分野に関する調査では、最も活用実績が多い分野では、法律相談（60％）マーケティング（41％）人材活用（30％）財務及び管理支援（29％）などとなっており、分野別には法律相談が飛びぬけて多いものの、多様な分野に万遍なくプロボノサービスが必要であることが見て取れる。今後さらに必要な分野としては、マーケティング（52％）や組織（45％）、理事メンバー（46％）、財務関係の助言（43％）などが求められている。

　実際のプロボノサービスのコンサルタントチームを選定する際には、さらに詳細な専門分野の分類があり、非営利団体が提出する申込書の内容を分析し、必要なプロボノサービスを選定する。もちろん、最初のミーティングでメンバー変更になることもありうるが、そうならないよう事務局のコーディネイターが非営利団体のニーズ

プロボノサービス活動の分野とニーズ

分　野	プロボノ活用実績	プロボノのニーズ
法律相談	60%	37%
マーケティング	41%	52%
人材活用	30%	35%
財務及び管理支援	29%	28%
財務助言・コンサルタント	27%	43%
情報技術	27%	37%
組織構築・指導	26%	45%
理事メンバーの構成と選定	20%	46%

資料：Taproot Foundation Powered by Pro Bono（2011）

とコンサルタントの能力を見極めている。また非営利団体が自己診断のできるウェブツールもある。

６　タップルート財団の国内地域別活動状況[43]

タップルート財団は、前でも述べたように、シカゴ、ロサンジェルス、ワシントンＤＣ、ニューヨーク、サンフランシスコ・ベイエリアの５つの都市圏に活動拠点を置いている。その活動拠点毎のサービス・グラント・プログラムの活動状況は表の通りである。

この表は各都市圏に支部が置かれて以来、今日までの活動実績であり、財団全体ではこれまでに約１３０万時間のプロボノサービスを提供してきた。それに関わったコンサルタント数は約８４００人、受益団体は１８４２団体に上り、そのサービスの金銭換算では、１億３５００万ドル（約１６０億円）に上っている。

都市圏別には、設立が２００１年と最も早かったサンフランシスコでの実績が最も大きく、全体の約３分の１を占

タップルート財団都市圏別プロボノ活動状況

都市圏	プロボノ投入時間数（時間）	プロボノコンサルタント数（人）	受益団体数	プロボノ金銭換算（万ドル）
サンフランシスコ	434,900	2,707	565	4,243
ニューヨーク	318,900	2,038	457	3,099
シカゴ	248,800	1,731	366	2,935
ワシントン DC	104,200	710	169	1,175
ロサンジェルス	186,800	1,242	285	2,042
合　計	1,293,600	8,428	1842	13,494

資料：Taproot Foundation 各都市圏ホームページより作成（2015）

めている。次いで多いのは２００６年に設立されたニューヨークで、全体の4分の1を占めている。シカゴは２００７年、ワシントンＤＣ、ロサンジェルスは２００８年の設立で順調に実績を重ねている。

タップルート財団ニューヨークで聞いた話によれば[44]、やはりこれら大都市において社会問題が多くあり、それらを支援する団体が多いため、現段階では彼らの活動は大都市中心となっているとのことである。

7 まとめ

以上、主にタップルート財団の活動を中心に見てきたが、米国では、タップルート財団以外にも積極的なプロボノサービスの提供を進めてきている団体は多い。きちんとした統計はないが、タップルート財団が中心となって開催している国内のプロボノ関係団体の交流イベントであるプロボノ・ウィークには50団体以上が参加していたとのことであった。他の代表的な団体としては、各地域の法律家協会、ＢＭＷ財団をはじめとする各種企業系財団、非営利団体の情報センターであるFoundation Center、専門家集団のソーシャルネットワークであるLinkedin、各地域の大学等々、様々な団体がプロボノ活動に取り組み始めてきている。

一方で、先にも紹介したように、「A Billion ＋ Change」の国を挙げてのキャンペーンによって、米国の主要な企業を中心とする経済界が積極的なプロボノへの参画の姿勢を示しており、すでに各企業が創設した社会貢献を行うための様々な財団もプロボノへの参画の姿勢を明確にしている。タップルート財団もそうした企業ぐるみのプロボノにも取り組み始めている。

またさらに、タップルート財団などが呼びかけて開催したグローバル・プロボノ・サミットのように、国際的なプロボノ団体のネットワークづくりも始まっている。グローバル・プロボノ・サミットでは、単にネットワークするだけではなく、具体的なプロボノプログラムも創設し、国際的なプロボノ活動の取り組みも始まっている。

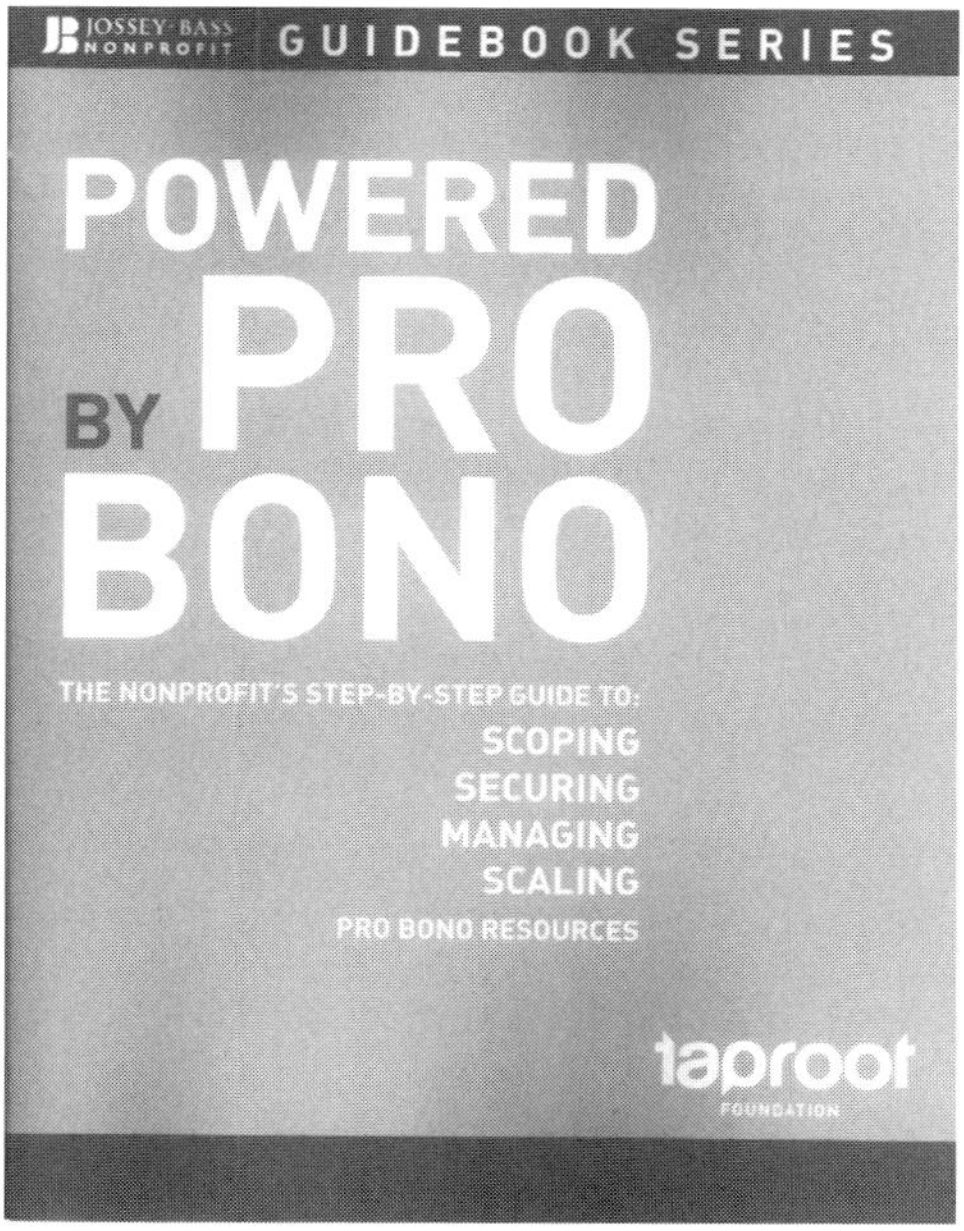

タップルート財団の職員が最大限活用する
プロボノのガイドブック（約 250 ページに及ぶ）

第4章　京都府における「地域力再生プロジェクト」とプロボノ

鈴木康久　山本伶奈

本章では京都府版プロボノを構想するに至った背景、具体的には「地域力再生プロジェクト」の概要とプロボノへと転換した政策過程及びその内容について紹介する。

1　地域力再生プロジェクト

京都府では、住民自治社会の新しいモデルをつくることを目指し、2007年度から「地域力再生プロジェクト」に取り組んでいる。このモデルが求める社会とは、人と人がつながる中で新しい魅力・価値の創造や、より質の高い公共サービスを提供できる京都の実現である。具体には、イギリスにおいて労働党から連立政権（保守党・自由民主党）に移行する中で、市民社会政策の基本的な方向として示された「ビッグ・ソサエティ（大きな社会）の構築（Building the Big Society）」を模倣する訳ではないが、行政だけでなく市民団体、大学、企業等が必要とする公共的なサービスを自らの手で提供しあうことで、府民が多様なサービスを享受できる京都を創ることである。

この壮大なビジョンの実現に向け、地域の方々が暮らしやすい地域づくりに取り組む「地域力再生活動」を京都府と市町村が連携して支援している。住民主体での活動を進めるには、「資金」、「人材」、「環境（とりまく状況）」の３つの要因が重要だと考えている。特に「人材」は経験によって培われるもので、短期的に充足できるものではない。活動団体の人材のスキルをあげるために何が必要なのか。本プロジェクトが開始した２００７年度からＮＰＯ、京都府等が何度となく集まり、「団体の人材育成手法」、「団体へのアドバイス手法」の２つの課題に対して、団体が何を望んでいるのか、私たちには何ができるのかについて議論を重ね、その結果として２００９年度に地域力再生プラットフォーム「地域力再生活動を応援する公共人材づくり研究会」を設立した。本プラットフォームではＮＰＯ法人、大学、財団法人と京都府等が協働で人材育成研修「元気わくわく塾」と、地域のつなぎ人・コトおこし人材を表彰する「京の公共人材（みやこびと）大賞」を開催している。この議論の中で「団体へのアドバイス」については京都府が取り組むこととし、本稿のテーマのプロボノの前身である「地域力再生活動アドバイザー派遣事業」を２００８年度から実施してきた。

2　知識・知恵の支援を行うアドバイザー

地域力再生活動アドバイザー派遣事業は、課題に直面している活動団体に各分野での先駆者や専門家を派遣して、以下の活動分野へのアドバイスを行う事業である。

（活動分野）
・会議やワークショップの開催・運営
・先進地等の地域づくり事例の紹介
・チラシづくりや周知方法（広報）
・他団体や行政等との協働コーディネート
・地域資源や人的資源の活用
・資金づくりやネットワークづくり　など

事業の流れは、団体がＮＰＯパートナーシップセンターで課題を相談し、有識者のアドバイスを求めると、協働コーディネーターがアドバイザー登録者の中から適任者を派遣してくれる。さらに、アドバイスの日程調整からアドバイスを受けるポイントなどの指導もある。講師派遣は無料（同一テーマの派遣は年1回、テーマが異なれば何回でも利用可）である。団体がアドバイザー登録リストを見て、指名することもできる。アドバイザーの信頼性を担保するために、登録には関係行政機関からの紹介を必要としており、アドバイザーの職種も「ＮＰＯ法人役員、大学教員、経営者、行政書士、シンクタンクスタッフ、デザイナー」などあらゆる分野に対応できる体制を

アドバイザーの派遣件数（2008 ～ 2014 年）　　**（回）**

年度	2008	2009	2010	2011	2012	2013	2014	合計
件数	22	33	21	29	25	23	10	163

※ 2008 年は、12 月～３月。2014 年は４月～８月の期間合計

分野別派遣件数（2008 ～ 2014 年）

目的	会議やワークショップの開催、運営支援	他団体や行政等との協働のコーディネート	先進地等の地域づくり事例	地域資源や人的資源の活用	広報	資金づくりや資金管理（会計等）	組織づくり、組織運営、ネットワークづくり	担い手等の人材育成	その他	合計
件数	8	3	11	6	24	23	50	5	33	163

整えた。アドバイザー登録数は、プロボノに移行する２０１４年11月時点で92名であった。団体がアドバイスを求めた内容は約６年間で、「組織づくり、組織運営、ネットワークづくり」が最も多く50件、次が「広報」の24件、「資金づくり」の23件だった。このことから、団体はテクニックよりも組織運営についての専門性を求めていることがわかる。アドバイスを受けたことで、民間助成金を得ることができた団体や、組織体制を強化するためにＮＰＯ法人化につなげた団体もある。

しかし、アドバイザーの派遣件数は年間20～30件と拡がりが見られなかった。この理由としては、派遣が１回だけのため課題解決のヒントを得るだけに止まり実行に繋がらないこと、有識者からアドバイスを受けることに慣れていないこと、そもそも有識者のアドバイスまでは必要としていないこと、などの理由が考えられた。

3　プロボノへの転換

アドバイザー派遣事業を展開する間、ＮＰＯ法人サービスグラントやプロボノ・コンサルティング・ネットワークなどのＮＰＯ関係の動きがメディア等で注目され始め、行政機関においても兵庫県豊岡市・北海道下川町の「ふるさとプロボノ」、神奈川県のかながわ県民活動サポートセンターによるプロボノプロジェクト、佐賀県の「プロボノＳＡＧＡスタイル」など幾つかの先進的な取り組みがはじまった。京都府としてもプロボノの効果や、展開の可能性等について調査・検証するために、２０１３年度に地域力再生プラットフォーム「プロボノ・プラットフォーム」をＮＰＯ法人Civil Collegeむすびらきを中心に立ち上げ、事例調査と社会実験を行った。事例調査では、プロボノの意見によって当初目的のＨＰ作成が、ＰＲのコンテンツが重要との中で事業の洗いだしに変更したとの報告があり、柔軟性と機動性に特徴があることなどがわかってきた。社会実験では、プロボノに応募したＩＴ系企業の社員が、若者の自立支援団体が出展するフリーマーケットの準備・出展マニュアルを作成し、商品開発もサポートすることで目標販売額達成につなげた事例報告があった。報告会の中で「共通の目標を持つ意義」、「プロボノワーカーにとっての成果が必要」などの直接的な部分だけでなく、「中間的な役割（マッチング）の必要性」や「有償プロボノの場合には、士業の正規価格との違いをどう考えるか（業界の価格崩壊につながらないか）」など、施策として展開する際の留意点も見えてきた。

このような成果も踏まえて、２０１４年度に京都らしい展開につなげたいと考え、京都府立大学の京都政策研究センターに「京都府におけるプロボノに関する実態調査」を依頼した。調査内容については、当ブックレットに記載されている。

これらの調査研究の中で認識できたのは、団体の活動をプロボノワーカーの知恵や知識で支援するだけでなく、一般の方々にとって公益的な活動に関わるチャンスであること。そして、プロボノワーカーと団体が共に目標を設定することの重要性である。この目標の達成がお互いの信頼感を生み、次の展開へつながることになる。教える、聴くだけの関係ではなく、共通の目的を達成する行為の中で、個々の目的の実現を目指す主体性に特徴がある。これらの特徴を活かしつつ、京都府にふさわしい内容としたのが「京都府プロボノを活かした地域力応援事業」である。

4　京都府版プロボノの概要とその特性

「京都府プロボノを活かした地域力応援事業」は、２０１４年11月に「地域力再生活動アドバイザー事業」から移行した事業で、公募によって南丹市域の中間支援団体であるＮＰＯ法人テダスが受託して実施している。事業実施に際して、プロボノ事業を牽引してきたサービスグラントの協力も受けて全体のスキームを構築した。

事業内容は、活動団体が取り組む課題解決をサポートするため、プロボノワーカーの専門家チーム（単独も可）を派遣し、課題解決に向けた指導や支援等を伴走的に行うもので、派遣は上限3回とし、「相談内容聞き取り、プロボノワーカー内で論点を整理、最終の到達目標を決定」、「課題解決に向け専門知識を提供」、「活動団体とプロボノワーカーが成果物（目標）を仕上げる」を行うこととしている。プロボノワーカーには、1回当たり5000円の活動費と交通費（上限2000円）が委託先から支払われる。なお、派遣したプロボノワーカーチームには、成果報告書の提出を義務づけている。

この事業を府内全体に拡げる仕掛けとして、木津川市や城陽市、長岡京市、京都市、亀岡市、南丹市など6つのプロボノコーディネートを担う団体がプロボノワーカー募集の説明会を開催している。地域団体の要望に応じてマッチング・派遣するネットワーク型の展開をし、プロボノワーカーを共有することで、府内全域で同じサービスを受けられる環境づくりを目指している。プロボノ事業の事例紹介や登録等に関するホームページの制作等の他、支援が円滑に行えるよう、プロボノワーカーの不安解消のための事前講習会や相談を行っている。

この間に事業を実施する中で、これまでNPOに関わりのなかった方がプロボノワーカーとしてNPO活動に関わることになっただけでなく、受入団体にも変化が生まれている。例えば、自らの活動について説明する機会を得たことで、団体自身の意義を見つめ直し、活動内容を整理するよい機会になること、NPO内で普段は発言しづらいが、プロボノワーカーがいることで発言がしやすくなるなど、組織活性化の契機にもなっている。また、プロボノワーカーを派遣する中間支援団体も、受入団体の実態を把握し、何が足りないのか、何を伸ばすのか等を検討することで、支援スキルの向上につながっている。

ＮＰＯ法人等が行うプロボノ事業の場合は、派遣先の団体が常勤の職員を雇用しているなど一定の水準が必要となるが、京都府においては、府内で活動する全ての団体を支援対象としている。また、プロボノコーディネートを府内各地の中間支援団体等が担うことで、共通の目的が生まれ、中間支援団体間の連携が進むなど副次的な効果も生まれている。

知識・知恵の支援施策であるプロボノ事業を中間支援団体に委託することで、各地域の個別特性に応じた支援やＣＳＲとしての企業の参画など新たな展開も期待しており、官民協働で地域力の再生をさらに進めていきたい。

おわりに　～都道府県におけるプロボノ活用の政策的含意～

最後に本書で注目してきた行政、その中でもとりわけ都道府県がプロボノを活用する意義あるいは政策的含意について整理し、本書の結びに代えたい。結論を先取れば、それは以下の3点の都道府県ならではの意義に集約できよう。

1点目は「プロボノ活用は、NPO法人の主たる窓口である都道府県ならではの公共的課題への解決支援の手段になり得る」ということである。言うまでもなく、地域市民自治の第一義のアクターは市民であり、基礎自治体である。しかし、NPOの主たる窓口は都道府県（政令指令市は除く）の役割である。その観点から言えば、都道府県におけるプロボノを活用した政策というのは、まさにNPO政策の窓口である都道府県ならではの公共的課題への解決支援政策に位置づけられる。誤解を恐れずに言えば、都道府県の行政サービスの中で数少ない直接提供可能な領域への支援政策、という見方も出来よう。

2点目は、「プロボノ活用は、補完性の原理に基づく地域自治への後方支援になる」ということである。繰り返しになるが、地域の課題解決にせよ、魅力向上にせよ、市民主体の地域づくりにせよ、第一義のアクターはその地域に住む市民であり、そこに寄り添う基礎自治体である。そのことを鑑みれば、都道府県が出来ることは、第一義のアクターだけでは足らざる住民自治、基礎自治体による団体自治への補完的・先導的・補助的役割ということになる。つまり、都道府県におけるプロボノを活用した政策というのは、すなわち補完性の原理に基づく地域自治への後方支援にも位置づけが可能ということである。

３点目は「プロボノ活用は課題解決型専門人材と広域地域へのマッチング支援（知の需給調整）になる」ということである。ＮＰＯも専門家もその多くは都市部に集中している。逆に言えば、プロボノワーカーになり得る課題解決型専門人材は地方には乏しい。その観点から言えば、都道府県におけるプロボノを活用した政策というのは、このギャップを調整し、「課題解決型専門人材と広域地域へのマッチング支援（知の需給調整）」の役割を担っていると言える。

以上から都道府県におけるプロボノ活用の政策的含意とはいずれも、突き詰めれば「都道府県とは何か」「都道府県が提供すべき公共サービスとは何か」という根源的な問いにまで遡ることが分かる。換言すれば、プロボノ活用の検討を通じて、都道府県ならではの直接行政領域とは何か、市民による住民自治や基礎自治体による団体自治を補完する間接行政領域とは何か、そして、基礎自治体を越えて必要な行政サービスを調整する広域行政領域とは何か、ということを検討することにつながる。翻って、このことはＮＰＯや基礎自治体にとっても、それぞれ「自分たちが出来ることは何か」逆に「できないことは何か」という根源的問いを考えることにもつながる。つまり、やや大げさな表現にはなるが、都道府県におけるプロボノ活用を検討することを通じて、1993年以降の地方分権の流れ、あるいは1998年以降のNPOを始めとする市民社会セクターの勃興の中で「協働」という言葉の中で曖昧にされてきた各々の「公共私の役割（分担）」をもう一度見直すことにつながり得ると言えるのではないだろうか。

ともあれ、全国の自治体を震撼させた増田寛也元総務相による増田レポートの例を出すまでもなく、これからわが国は「人口減少」だけでなく「地方創生」という喫緊かつ重大な課題にどう向き合うか、またどう乗り越えるか、その知恵や力量が問われる時代に突入する。その際にNPOや市民社会セクターの担い手として、プロボノの重要性は絶対的にも相対的にも益々高まってくるだろう。そうした時代だからこそ、都道府県がセクターや地域を越えて公共的課題を解決し、公共善のための地域力再生に貢献する意義は大きい。このことを強調して結びに代えたい。

《注》

1　ＮＰＯのことをＣＳＯ（Civil Society Organization）と呼称する場合もあるが、本書では基本的にＮＰＯで統一する。なお、特段の断りのない限り、ＮＰＯとは民法第34条で規定する公益法人などを含む広義のＮＰＯのことを指し、ＮＰＯ法人（狭義のＮＰＯ）とは区別する。

2　全米法曹協会（ＡＢＡ）が１９８３年に採択した法律家職務規範規則の中で「公益的法的役務提供を行わなくてはいけない」と明記されたことが「狭義のプロボノ」が広がった源流とされる。しかしもっと広く捉えれば１９０８年に採択された「倫理規範」の中に「弁護士業務は司法の一分野で、単なる所得を得るための職業ではない」と記されたのがそもそものルーツとの説もある。

3　①法律専門家を雇う資力のない低所得者に対する直接又は間接の法的役務提供、②司法アクセスの拡充や手続きの簡素化、司法救済の質的向上に関する活動、③司法アクセスが不十分な個人や集団の市民的権利を保護するための活動、④災害の被災者や被災者を支援する団体に対する法的役務提供、⑤非営利団体や地域団体に対する法的助言など公共の福祉に適合した活動、⑥慈善、宗教、市民、政府、芸術、文化、教育、専門、その他に6分類される。

4　アーロン・ハースト氏が２００１年に設立。主要5都市にオフィスを構え、現在約40人のスタッフで運営。1万５０００人以上の会員が登録されており、１５００以上のコンサルティングで1億ドル以上の価値を提供している。

5　本書では、特別な注記がない限りはプロボノは「広義のプロボノ」を意味する。

6　日本の弁護士数は、２０１４年3月現在で3万５０４５人。

7　たとえば、「新しい働き方プロボノが上陸」（テレビ東京、４月27日）、「広がるプロボノ　新たな社会貢献」（ＮＨＫ、７月１日）、「プロボノで若手育成」（日本経済新聞、８月10日）、「ふるさとプロボノ　各地で産声」（朝日新聞、３月１日）など。
8　２００４年に「プロボノ活動推進委員会」が設置された。
9　米国では１９８０-１９９０年の10年間にプロボノ活動が10倍以上増え、弁護士はＡＢＡの１９９３年の規則改定に基づき、年間50時間（多い弁護士は60時間又は１００時間）、プロボノに従事すべきとされた。これを受け、２０１１年３月現在で１４５の法律事務所が「ローファーム・プロボノ・チャレンジ」に署名した。また韓国でも年間30時間のプロボノ活動が義務化されている。一方、イギリスやドイツ、フランスでは法律扶助制度が充実していることもあり、義務化されていない。日本では東京都・大阪府・神奈川県など大都市の弁護士会で義務化（30時間）する動きが出てきている。
10　例えば路上生活者などの低所得者層や社会的弱者、離島などの司法過疎地住民、被災地住民に対する出張法律相談など。
11　わが国では、２００１年に司法制度改革審議会が意見書の中で、憲法32条の「裁判を受ける権利」の実質保障という観点がなお不十分であると、一層の拡充を求めた。また同意見書には「弁護士は公共の空間において正義の実現に責任を負うという社会的責任をも自覚すべきである。その具体的内容や実践の様態には様々なものがあり得るが、プロ・ボノ（注：原文ママ）活動等により社会に貢献していくことが期待されている」との記述もある。
12　わが国のプロボノ団体は、サービスグラントのほか、プロボノ・コンサルティング・ネットワーク（http://www.probonet.jp）、特定非営利活動法人ソーシャル・ベンチャー・パートナーズ東京（http://

www.svptokyo.org）、特定非営利活動法人二枚目の名刺（http://nimaime.com）など、東京の団体が多い。

13　ＮＥＣでは２０１０年から社会貢献の一環で「社会起業塾ビジネスサポーター」というプログラムを実施。具体的には、塾に集まる若手社会起業家が抱える経営課題の解決に対して、ＮＥＣの社員チームを派遣し、ビジネスマンの各分野の専門家が、職業上持っている知識やスキルや経験を活かして半年間社会貢献している。２０１３年現在で11団体に対して71名の社員が参加した。

14　ゴールドマンサックス、パナソニック株式会社、三井住友銀行、ＵＢＳ、日本ＩＢＭ株式会社、日本マイクロソフト株式会社、株式会社日立ソリューションズなど。

15　教育学者のマーチン・トロウによる概念。該当年齢人口に占める大学在籍率15％未満の状態では、大学は「エリート型」のシステムをとる。15％～50％の段階になると「マス型」のシステムに移行し、50％を超えると大学は「ユニバーサル・アクセス型」という段階を迎えると論じた。

16　ＩＣＴ総研の調査よると、わが国のＳＮＳ利用者は２０１４年現在で６０２３万人（普及率は61％）となっている。ちなみにｆａｃｅｂｏｏｋ利用者は約２２００万人で普及率17％（世界14位）となっている。

17　ＮＰＯ法の第一条に「特定非営利活動を行う団体に法人格を付与すること等により、ボランティア活動をはじめとする市民が行う自由な社会貢献活動としての特定非営利活動の健全な発展を促進し、もって公益の増進に寄与すること」とある。

18　内閣府ホームページ（https://www.npo-homepage.go.jp/portalsite/index.html）より。２０１４年8月31日現在。

19　日本郵便（http://www.post.japanpost.jp/notification/storeinformation/pdf/02_85.pdf）より。

２０１４年９月現在。

20　（一社）日本フランチャイズチェーン協会（http://www.jfa-fc.or.jp/folder/1/img/20141020141200.pdf）より。２０１４年９月現在。

21　これらの数字はいずれも認定・仮認定を受けていない通常のＮＰＯ法人の数字。ちなみに認定・仮認定を受けているＮＰＯ法人は、２０１４年10月24日現在で、５２８団体ということで全体の１％程度に過ぎない。

22　米国の就活ランキング（universum）では、Teach For America（ＴＦＡ）というＮＰＯが文系部門で例年5位以内にランクインしている。２０１０年度は1位に輝いた。

23　食・農業・医療といった分野で、社会問題の解決をめざすＮＰＯや企業で若手社会企業家として活躍する人材を支援する塾として２００２年から始まっている。

24　①安心・安全な社会づくり、②気候変動への対応と環境保全、③すべての人がデジタル社会の恩恵を享受、④多様性に富む人材の育成の４つの方針。プロボノはこのうち④に位置づけられる。

25　①経営資源の有効活用、②ＮＰＯ／ＮＧＯとの協働、③グループ会社の連携と社会参加、④企業イメージ・評判の向上に寄与の４つ。

26　２０１３年現在、11の社会起業家のために、71名の社員をプロボノとして派遣。ＮＥＣの場合、1チーム5～8名、一人あたり週3時間くらいのボランティア、月1～2回全体前期、半年で成果物、という概要。

27　大阪ではオンブズマン活動、消費者運動、公害対策運動等をしている市民や弁護士を支援するために中坊公平氏がビルの一室を「プロボノセンター」として開放している事例がある。

28　本調査は、京都府から京都府立大学京都政策研究センターに委託された協働研究の一環として実施。

29 ２０１４年にサービスグラント代表理事の嵯峨生馬氏にヒアリング調査を実施。

30 神奈川県（２０１０年度）、観光庁・下川町・豊岡市（２０１１年度）、佐賀県・広島県（２０１１～２０１２年度）、大阪市（２０１２年度～）、環境省（２０１３年度）、鳥取県・生駒市（２０１４年度）など。

31 ２０１１年４月１日～２０１３年３月31日にサービスグラントでプロボノを経験した１４９名を対象に実施したアンケート調査（プロボノセンサス２０１３）より。

32 サービスグラントでは「アカウントディレクター」と呼ぶ。

33 ２０１４年８月５日にＳＶＰ東京の岡本拓也氏（代表理事）、藤村隆氏（事業統括）、臼井清氏（理事）にヒアリング調査を実施。

34 ２０１４年８月20日にプロボノ・コンサルティングネットワークパートナーの塚本恭之氏にヒアリング調査を実施。

35 ２０１４年９月５日に公益財団法人佐賀未来創造基金事務局長の江口嘉人氏、事務局の山本みずほ氏にヒアリング調査を実施。

36 ２０１４年８月６日にかながわ県民活動サポートセンターにヒアリング調査を実施。

37 プロボノ団体概要と設立経緯、企業・行政との協働、プロボノワーカーのリクルーティング、ＮＰＯの募集と採択、進行ガイド、プロジェクト進行管理、アセスメント・事後フォローなどプロボノの基礎知識とインタビュー・管理システム・事業モデルの検討などのシミュレーションなど。

38 ２０１４年９月５日に佐賀県くらし環境本部男女参画・県民協働課にヒアリング調査を実施。

39 Taproot Foundation ホームページ

(http://www.taprootfoundation.org/about-probono/pro-bono-history)より。２０１５年３月現在。

40 Corporation for National & Community Service ホームページ
(http://www.nationalservice.gov/special-initiatives/billion-change) より。２０１５年３月現在。

41 Taproot Foundation ホームページ
(http://www.taprootfoundation.org/about-probono/about-taproot) より。２０１５年３月現在。

42 Guidebook Series「Powered by PROBONO」Taproot Foundation 2012

43 Taproot Foundation ホームページ
(http://www.taprootfoundation.org/about-probono/taproot-offices/pro-bono-san-francisco-bay-area) より。２０１５年３月現在。

44 ２０１５年３月 Taproot Foundation New York Office にてマーケティング・ディレクターの Ms. Suzanne Q. Craig 氏と上級プログラムマネージャーの Ms. Allie Hallock 氏からヒアリング。

●研究会メンバー

青山公三（京都府立大学京都政策研究センター長／公共政策学部教授）　＊はじめに、第３章
菱木智一（京都府立大学公共政策学部准教授）
杉岡秀紀（京都府立大学京都政策研究センター企画調整マネジャー／公共政策学部講師）
　＊第１章、第２章、おわりに
村山紘子（京都府立大学京都政策研究センター研究員）　＊資料
鈴木康久（京都府府民生活部府民力推進課長）　＊第４章
神田浩之（京都府府民生活部府民力推進課地域力再生担当課長）
古田良明（京都府府民生活部府民力推進課地域力再生担当主査）
山本伶奈（京都府府民生活部府民力推進課地域力再生担当主事）　＊第４章

（研究会の記録）

6月12日：第１回研究会（研究テーマの確認など）
7月24日：第２回研究会（ヒアリング先の検討など）
8月５日：特定非営利活動法人サービスグラントヒアリング調査、特定非営利活動法人ソーシャルベンチャー・パートナーズ東京ヒアリング調査
8月６日：かながわ県民活動サポートセンターヒアリング調査
8月20日：プロボノ・コンサルティング・ネットワークヒアリング調査
9月３日：第３回研究会（ヒアリング調査報告など）、プロボノ・コンサルティング・ネットワークネッ

ト勉強会

9月5日：佐賀県男女参画・県民協働課CSO活動担当ヒアリング調査、公益財団法人佐賀未来創造基金ヒアリング調査

11月7日：第4回研究会（報告書案の検討）

《参考文献》

阿部まさ子「私たちが動けば、社会が動く−ＮＰＯを支援する「プロボノ」を推進する−」『賃金事情』No.2596、産労総合研究所、２０１０年、４−７頁。

安藤明伸「プロボノプラットフォームを通した仙台教育委員会との復興支援」『宮城教育大学教育　復興支援センター紀要』第1巻、宮城教育大学、２０１３、21−26頁。

一般社団法人日本フランチャイズチェーン協会ホームページ（http://www.jfa-fc.or.jp/folder/1/img/20141020141200.pdf）（２０１４年10月30日閲覧）、２０１４年。

池田俊一「仕事で磨いた技術を社会に還元　プロボノで実現した社員の成長」『人材教育』１月号、日本能率協会マネジメントセンター、２０１２年、46−49頁。

池田俊一「ＮＥＣのプロボノについて」『BtoB コミュニケーション』11月号、日本 BtoB 広告協会、２０１３年、22−26頁。

池永知樹「米国民事法律扶助における公的資金とプロボノの役割」『自由と正義』61号、日本弁護士協会、２０１０年、50−55頁。

今川晃編『地域公共人材をつくる』公人の友社、２０１４年。

梅田康広「米国における企業内弁護士のプロボノ活動の発展と日本への応用可能性」『自由と正義』５月号、日本弁護士協会２０１２年、95−110頁。

梅原豊「地域公共人材の意味とその育成：京都府での挑戦」『地域公共人材をつくる』法律文化社、２０１３年。

遠藤ひとみ「わが国のソーシャルビジネスに関する一考察」『嘉悦大学研究論集』第53巻第２号、嘉悦大学、２０１１年、45−61頁。

大阪ガスエネルギー・文化研究所『CEL（Culture, Energy, and Life)』１０４号、２０１３年、24-27頁。

角田正志「司法書士の現在を読み解く講座-プロボノ活動-」『月刊司法書士』３７４号、日本司法書士会連合会、２００３年、36-39頁。

角田正志「プロボノ活動-司法書士の公益活動-」『月刊司法書士』３９８号、日本司法書士会連合会、２００５年、2-5頁。

神奈川県ホームページ（http://www.pref.kanagawa.jp/）（２０１４年10月30日閲覧）、２０１４年。

株式会社テーミス「庶民の味方 大阪のおばちゃんオンブズマンは頼りになる」『月刊テーミス』17号、２００８年。

京都府「ＮＰＯ法人認証数」『平成24年度統計書』、２０１４年。

京都府「地域力推進プロジェクト」ホームページ（http://www.pref.kyoto.jp/chiikiryoku/index.html）（２０１４年10月30日閲覧）、２０１４年。

小海範亮「プロボノ活動における法律家の協調-市民の利益のために-」『月刊司法書士』３９８号、日本司法書士会連合会、２００５年、21-24頁。

小林健一「プロボノ活動と司法書士」『月刊司法書士』４９０号、日本司法書士会連合会、２０１２年、30-32頁。

近藤由美『世の中をよくして自分も幸福になれる「寄付」のすすめ』東洋経済新報社、２０１４年。

嵯峨生馬『プロボノ～新しい社会貢献、新しい働き方～』勁草書房、２０１１年。

嵯峨生馬「行政職員のためのプロボノセミナー」配布資料、（特活）サービスグラント、２０１４年。

佐賀県ホームページ（http://www.pref.saga.lg.jp/）（２０１４年10月30日閲覧）、２０１４年。

佐々木崇・塚本恭之「プロボノという新しい社会の力」『地方自治職員研修』臨時増刊号１０３号、公職研、２０１３年、64-73頁。

杉岡秀紀「地域公共人材育成の京都モデル」石田徹・白石克孝編『持続可能な地域実現と大学の役割』日

本評論社、２０１４年。

杉岡秀紀「地域公共人材育成における大学の挑戦」今川晃・梅原豊編『地域公共人材育成をつくる』法律文化社、２０１３年。

杉岡秀紀「行政におけるプロボノ活用の政策的意義-都道府県ができる公共善とは何か-」『福祉社会研究』第15号、１６７-１８２頁、京都府立大学福祉社会研究会、２０１５年。

鈴木康久「協働の視点：府庁ＮＰＯパートナーシップセンター」『京都の地域力再生と協働の実践』法律文化社、２０１３年。

鈴木康久「協働コーディネーターと地域力再生プラットフォーム」『京都の地域力再生と協働の実践』法律文化社、２０１３年。

高橋謙治「第二東京弁護士会における公益活動の義務化について」『月刊司法書士』３９８号、日本司法書士会連合会、２００５年、30-33頁。

高橋宏明「ＮＰＯへの支援活動を通じた若手コンサルタントの技能形成の研究」『経営行動科学学会』年次大会発表論文集15、２０１２年、３９１-３９５頁。

高山一三「プロボノ・ワークと自然保護債務スワップ」『日本経済研究センター』８１２号、１９９８年、36-37頁。

滝田誠一郎「他社に先駆けるプロボノプログラム『NEC 社会企業塾ビジネスサポーター』」『人事実務』47号、２０１０年、50-53頁。

特定非営利活動法人サービスグラントホームページ（http://www.servicegrant.or.jp）（２０１４年10月30日閲覧）、２０１４年。

特定非営利活動法人ソーシャル・ベンチャー・パートナーズ東京ホームページ（http://www.svptokyo.org）（２０１４年10月30日閲覧）、２０１４年。

特定非営利活動法人二枚目の名刺ホームページ（http://nimaime.com）（２０１４年10月30日閲覧）、２０１４年。

所沢景観市民プロボネット「景観まちづくりは人づくりから」『公園緑地』Vol.74 No.5、一般社団法人日本公園緑地協会、２０１４年。

内閣府ＮＰＯホームページ（https://www.npo-homepage.go.jp/portalsite/index.html）（２０１４年10月30日閲覧）、２０１４年。

内閣府『平成25年度特定非営利活動法人に関する実態調査』２０１３年。

日本郵便ホームページ（http://www.post.japanpost.jp/notification/storeinformation/pdf/02_85.pdf）（２０１４年10月30日閲覧）、２０１４年。

林順子「社会的弱者のための法律相談–東京司法書士会の取り組み–」『司法書士』３９８号、日本司法書士会連合会、２００５年、25–29頁。

ピーター・スターン、阪田寿美「米国におけるプロボノの伝統」『自由と正義』55号、日本弁護士協会、２００４年、43–48頁。

藤野亮司「弁護士の公益活動」『自由と正義』52号、日本弁護士協会、２００１年、24–39頁。

プロボノ・コンサルティング・ネットワークホームページ（http://www.probonet.jp）（２０１４年10月30日閲覧）、２０１４年。

労働調査会「スキルを活かしたボランティア「プロボノ」–増加している理由を知る–」『労働基準広報』１７１３号、労働調査会、２０１１年、9–13頁。

米澤誠「支援・受援のパラダイムを超えた新たな図書館連携に向けて」『情報管理』３月号、独立行政法人科学技術振興機構、２０１２年、７８８–７９６頁。

《資料》

About KPI

２０１３年度から現在の事務局構成メンバー

２０１３年４月

センター長　**青山公三**（公共政策学部公共政策学科教授）

小沢修司（同教授）　**藤沢　実**（同准教授／京都府からの派遣教員）

杉岡秀紀（同講師）　**村山紘子**（ＫＰＩ・研究員）

２０１４年４月～５月

センター長　**青山公三**（公共政策学部公共政策学科教授）

小沢修司（同教授）

藤沢　実（同准教授／京都府からの派遣教員）　※

菱木智一（同准教授／京都府からの派遣教員）　※

川勝健志（同准教授）　**杉岡秀紀**（同講師）

村山紘子（ＫＰＩ・研究員）

※人事異動にともない５月１日より、藤沢准教授から菱木准教授に交代

政策提言活動

毎年京都府からの提案を受け、受託研究を実施しています。受託研究では、京都府の重要政策課題を対象に「ワーキング・グループ」を京都府等行政関係者とともに設置します。京都府との協働により、各施策現場での実態調査、分析・評価、政策提言等を実施するとともに、地域の課題解決に貢献するための、専門的支援を行います。

【2013年度実績】

（1）市町村行革支援に関する調査研究

（2）薬物乱用防止相談支援に関する調査研究

（3）人材確保のあり方に関する調査研究

【2014年度実績】

（1）市町村行革支援に関する調査研究

（2）プロボノの実態に関する調査研究

（3）大学・地域連携のあり方に関する調査研究

教育・研修活動

○連続自治体特別企画セミナー

自治体職員・議員、研究者、学生等を対象に、幅広い視野から地方自治に関する知識の習得と政策形成能力の向上を図るため、自治体の事例などを基に学識者と自治体等の実務経験者を招聘し、開催しているものです。なお、京都府の職員は研修として参加できます。

その他、教育・研修活動の一環として、京都府との協働で、教員と府職員による「肩書きを外し、既存の制作の枠組みにとらわれないざっくばらんな政策議論の場」として「下鴨サロン」を開催しています。2013年度からは京都府職員も講師とし迎え入れ、相互の交流を図っています。

【2013年度 実績】

第1回	**ドイツの地方都市はなぜ元気なのか？ 小さな街の輝くクオリティ** 講　師：高松　平蔵氏（国際ジャーナリスト） コメンテーター：川勝　健志氏（京都府立大学公共政策学部准教授）
第2回	**「若者×地場産業」で地域活性化 ～ホンキ系インターン事例を中心に～** 講　師：秋元　祥治氏（NPO法人 G-net代表理事） 対談者：杉岡　秀紀氏（京都府立大学公共政策学部講師）
第3回	**分権時代の新しい地域の姿 ～緑の分権改革の実践と地域おこし協力隊への期待～** 講　師：椎川　忍氏（（一財）地域活性化センター常務理事） 冨田　敏氏（愛媛県伊予市地域おこし協力隊） コメンテーター：小沢　修司氏（京都府立大学公共政策学部教授）
第4回	**地域の縁がわでつながる！～くまもと発まちづくり型福祉の展開～** 講　師：新谷　良徳氏（熊本県健康福祉政策課　福祉のまちづくり室長） 山下　順子氏（NPO法人とら太の会　理事長） コメンテーター：築山　崇氏（京都府立大学副学長／公共政策学部教授）
第5回	**「半農半X」からのソーシャルデザイン** 講　師：塩見　直紀氏（半農半X研究所代表） 対談者：三橋　俊雄氏（京都府立大学大学院生命環境科学研究科教授）

【2014年度 実績】

第1回	地方自治の楽しみ方–ナンバー1よりオンリー1– 講　師：谷畑　英吾氏（滋賀県湖南市長） 対談者：杉岡　秀紀氏（京都府立大学公共政策学部講師）
第2回	※台風のため延期
第3回	里山資本主義の自治体づくり・まちづくり 講　師：太田　昇氏（岡山県真庭市長） 対談者：宮藤　久士氏（京都府立大学大学院生命環境科学研究科准教授）
特別企画	地域に飛び出す公務員　in京都府立大学 講　師：前神　有里氏（（一財）地域活性化センター（愛媛県庁から派遣））、鈴木　康久氏（京都府庁）、森本　健次氏（南山城村役場）、山田　崇氏（塩尻商工会議所（塩尻市役所から出向））
第4回	ガバメント再考！「自治体セーフティネット」の新展開 講　師：山仲　善彰氏（滋賀県野洲市長） 対談者：小沢　修司氏（京都府立大学副学長／公共政策学部教授）
第5回 ＊第2回分	縮小時代の自治体経営–自律自治体の形成を目指して– 講　師：西寺　雅也氏（名古屋学院大学経済学部教授／元岐阜県多治見市長） 対談者：川瀬　光義氏（京都府立大学公共政策学部教授）
第6回	「ニッポンの日本」をデザインする南信州・飯田の戦略的地域づくり 講　師：牧野　光朗氏（長野県飯田市長） 対談者：川勝　健志氏（京都府立大学公共政策学部准教授）

調査・研究活動

地方自治体等からの委託を受け、依頼者（クライアント）と共に調査・研究を実施します。

【2013年度】
○京都市左京区　「「久多地域の支え合い・助け合いのまちづくり」に向けた検討」
○京都府南丹広域振興局　「京都丹波の魅力発信・広報戦略に関する研究」
○民間企業　「京都府南部地域における自治体の広域連携のあり方に関する研究業務」

【2014年度】
○京都市左京区　「「久多地域の支え合い・助け合いのまちづくり」に向けた検討」
○久御山町　「ガイドマップ作成委託業務」

その他、京都府立大学地域連携センターの「地域貢献型特別研究」を財源とした調査研究も2013～2014年度にかけて実施しました。

その他

【２０１３年度】
○主催事業
国際セミナー「ドイツにおけるエネルギー・気候変動政策の経験～成功と課題～」
○共催事業
２０１２年度ＡＣＴＲ報告会「京都府における低所得者支援施策の効果的実施に向けた研究
～京都式生活・就労一体型支援事業の効果検証、京都府における貧困率の把握を中心に～」
基礎経済科学研究所　第36回研究大会
京都府立大学　男女共同参画推進室　開設記念シンポジウム
「大学における男女共同参画・女性研究者支援の推進に向けて」
【２０１４年度】
○共催事業
㈱日本経済研究所との共催セミナー
「公共施設は誰のものか?～つくらない時代の地域デザインを考える～」
○委託事業
京都環境文化学術フォーラムスペシャルセッション「森里海から地球を考える」
（企画運営／京都環境文化学術フォーラムからの委託）
「自治会長意見交換会／舞鶴のごみについて語る」コーディネート業務（舞鶴市からの委託）

広報活動

○ホームページ

▶ http://www.kpu.ac.jp

○ facebook

▶ https://www.facebook.com/kpukpi

○ニュースレター（隔月発行）

ホームページに掲載しています。

ニュースレターでは、事務局メンバーはじめ KPI に関わってくださっている方のリレーコラムを掲載しています。

○パンフレット

▶ご入用の際はご連絡ください。

○メールマガジン

▶ご希望の方は、kpiinfo@kpu.ac.jp までご一報ください。

京都政策研究センターブックレット No. 3

地域力再生とプロボノ
行政におけるプロボノ活用の最前線

2015 年 3 月 25 日　初版発行

企　画　京都府立大学京都政策研究センター
〒 606-8522　京都市左京区下鴨半木町 1-5
TEL 075-703-5319　FAX 075-703-5319
e-mail: kpiinfo@kpu.ac.jp
http://www.kpu.ac.jp/
編　著　杉岡秀紀
著　者　青山公三・鈴木康久・山本伶奈
発行人　武内英晴
発行所　公人の友社
〒 112-0002　東京都文京区小石川 5-26-8
TEL 03-3811-5701　FAX 03-3811-5795
e-mail: info@koujinnotomo.com
http://koujinnotomo.com/
印刷所　倉敷印刷株式会社

ISBN978-4-87555-659-6

「官治・集権」から
「自治・分権」へ

市民・自治体職員・研究者のための

自治・分権テキスト

《出版図書目録 2015.3》

〒120-0002　東京都文京区小石川 5-26-8
TEL　03-3811-5701
FAX　03-3811-5795
mail　info@koujinnotomo.com

公人の友社

●ご注文はお近くの書店へ
小社の本は、書店で取り寄せることができます。
●＊印は〈残部僅少〉です。品切れの場合はご容赦ください。
●直接注文の場合は
電話・FAX・メールでお申し込み下さい。

TEL　03-3811-5701
FAX　03-3811-5795
mail　info@koujinnotomo.com

（送料は実費、価格は本体価格）

［京都府立大学
京都政策研究センターブックレット］

No.1
地域貢献としての「大学発シンクタンク」
京都政策研究センター（KPI）の挑戦
編著 青山公三・小沢修司・杉岡秀紀・藤沢実 1,000円

No.2
もうひとつの「自治体行革」
住民満足度向上へつなげる
編著 青山公三・小沢修司・杉岡秀紀・藤沢実 1,000円

No.3
地域力再生とプロボノ
行政におけるプロボノ活用の最前線
編著 杉岡秀紀
著 青山公三・鈴木康久・山本伶奈 1,000円

［地方自治ジャーナルブックレット］

No.10
自治体職員の能力
自治体職員能力研究会 971円

No.11
パブリックアートは幸せか
山岡義典 1,166円＊

No.12
市民が担う自治体公務
パートタイム公務員論研究会 1,359円

No.14
上流文化圏からの挑戦
山梨学院大学行政研究センター 1,166円

No.15
市民自治と直接民主制
高寄昇三 951円

No.16
議会と議員立法
上田章・五十嵐敬喜 1,600円＊

No.17
分権段階の自治体と政策法務
山梨学院大学行政研究センター 1,456円

No.18
地方分権と補助金改革
高寄昇三 1,200円

No.19
分権化時代の広域行政
山梨学院大学行政研究センター 1,200円

No.20
あなたの町の学級編成と地方分権
田嶋義介 1,200円

No.22
ボランティア活動の進展と自治体の役割
山梨学院大学行政研究センター 1,200円

No.23
新版2時間で学べる「介護保険」
加藤良重 800円

No.24
男女平等社会の実現と自治体の役割
山梨学院大学行政研究センター 1,200円

No.25
市民がつくる東京の環境・公害条例
市民案をつくる会 1,000円

No.26
東京都の「外形標準課税」はなぜ正当なのか
青木宗明・神田誠司 1,000円

No.27
少子高齢化社会における福祉のあり方
山梨学院大学行政研究センター 1,200円

No.28
財政再建団体
橋本行史 1,000円（品切れ）

No.29
交付税の解体と再編成
高寄昇三 1,000円

No.30
町村議会の活性化
山梨学院大学行政研究センター 1,200円

No.31
地方分権と法定外税
外川伸一 800円

No.32
東京都銀行税判決と課税自主権
高寄昇三 1,200円

No.33
都市型社会と防衛論争
松下圭一 900円

No.34
中心市街地の活性化に向けて
山梨学院大学行政研究センター 1,200円

No.35
自治体企業会計導入の戦略
高寄昇三 1,100円

No.36
行政基本条例の理論と実際
神原勝・佐藤克廣・辻道雅宣 1,100円

No.37
市民文化と自治体文化戦略
松下圭一 800円

No.38
まちづくりの新たな潮流
山梨学院大学行政研究センター 1,200円

No.39
ディスカッション三重の改革
中村征之・大森弥 1,200円

No.40
政務調査費
宮沢昭夫 1,200円（品切れ）

No.41
市民自治の制度開発の課題
山梨学院大学行政研究センター 1,200円

No.42
《改訂版》自治体破たん・「夕張ショック」の本質
橋本行史 1,200円＊

No.43
分権改革と政治改革
西尾勝 1,200円

No.44
自治体人材育成の着眼点
浦野秀一・井澤壽美子・野田邦弘・西村浩・三関浩司・杉谷戸知也・坂口正治・田中富雄 1,200円

No.45
シンポジウム障害と人権
橋本宏子・森田明・湯浅和恵・池原毅和・青木九馬・澤静子・佐々木久美子 1,400円

No.46
地方財政健全化法で財政破綻は阻止できるか
高寄昇三 1,200円

No.47
地方政府と政策法務
加藤良重 1,200円

No.48
政策財務と地方政府
加藤良重 1,400円

No.49
政令指定都市がめざすもの
高寄昇三 1,400円

No.50
良心的裁判員拒否と責任ある参加
市民社会の中の裁判員制度
大城 聡 1,000円

No.51
討議する議会
自治体議会学の構築をめざして
江藤俊昭 1,200円

No.52
【増補版】大阪都構想と橋下政治の検証
府県集権主義への批判
高寄昇三 1,200円

No.53
虚構・大阪都構想への反論
橋下ポピュリズムと都市主権の対決
高寄昇三 1,200円

No.54
大阪市存続・大阪都粉砕の戦略
地方政治とポピュリズム
高寄昇三 1,200円

No.55
「大阪都構想」を越えて
問われる日本の民主主義と地方自治
(社) 大阪自治体問題研究所 1,200円

No.56
翼賛議会型政治・地方民主主義への脅威
地域政党と地方マニフェスト
高寄昇三 1,200円

No.57
なぜ自治体職員にきびしい法遵守が求められるのか
加藤良重 1,200円

No.58
東京都区制度の歴史と課題
都区制度問題の考え方
著：栗原利美、編：米倉克良 1,400円

No.59
七ヶ浜町（宮城県）で考える
「震災復興計画」と住民自治
編著：自治体学会東北 YP 1,400円

No.60
市民が取り組んだ条例づくり
市長・職員・市議会とともにつくった所沢市自治基本条例
編著：所沢市自治基本条例を育てる会 1,400円

No.61
いま、なぜ大阪市の消滅なのか
「大都市地域特別区法」の成立と今後の課題
編著：大阪自治を考える会 800円

No.62
地方公務員給与は高いのか
非正規職員の正規化をめざして
著：高寄昇三・山本正憲 1,200円

No.63
大阪市廃止・特別区設置の制度設計案を批判する
いま、なぜ大阪市の消滅なのか Part2
編著：大阪自治を考える会 900円

No.64
自治体学とはどのような学か
森啓 1,200円

No.65
通年議会の〈導入〉と〈廃止〉
長崎県議会による全国初の取り組み
松島完 900円

No.66
平成忠臣蔵・泉岳寺景観の危機
吉田朱音・牟田賢明・五十嵐敬喜 800円

［福島大学ブックレット
21世紀の市民講座」］

No.1
外国人労働者と地域社会の未来
著：桑原靖夫・香川孝三、
編：坂本恵 900円

No.2
自治体政策研究ノート
今井照 900円

No.3
住民による「まちづくり」の作法
今西一男 1,000円

No.4
格差・貧困社会における市民の権利擁護
金子勝 900円

No.5
法学の考え方・学び方
イェーリングにおける「秤」と「剣」
富田哲 900円

No.6
今なぜ権利擁護か
ネットワークの重要性
高野範城・新村繁文 1,000円

No.7
小規模自治体の可能性を探る
保母武彦・菅野典雄・佐藤力・竹内是俊・松野光伸 1,000円

No.8
小規模自治体の生きる道
連合自治の構築をめざして
神原勝 900円

No.9
文化資産としての美術館利用
地域の教育・文化的生活に資する方法研究と実践
辻みどり・田村奈保子・真歩仁しょうん 900円

No.10
フクシマで"日本国憲法〈前文〉"を読む
家族で語ろう憲法のこと
金井光生 1,000円

[地方自治土曜講座ブックレット]

No.1
現代自治の条件と課題
神原勝 800円＊

No.2
自治体の政策研究
森啓 500円＊

No.3
現代政治と地方分権
山口二郎 500円＊

No.4
行政手続と市民参加
畠山武道 500円＊

No.5
成熟型社会の地方自治像
間島正秀 500円＊

No.6
自治体法務とは何か
木佐茂男 500円＊

No.7
自治と参加 アメリカの事例から
佐藤克廣 500円＊

No.8
政策開発の現場から
小林勝彦・大石和也・川村喜芳 800円＊

No.9
まちづくり・国づくり
五十嵐広三・西尾六七 500円＊

No.10
自治体デモクラシーと政策形成
山口二郎 500円＊

No.11
自治体理論とは何か
森啓 500円＊

No.12
池田サマーセミナーから
間島正秀・福士明・田口晃 500円＊

No.13
憲法と地方自治
中村睦男・佐藤克廣 500円（品切れ）

No.14
まちづくりの現場から
斉藤外一・宮嶋望 500円＊

No.15
環境問題と当事者
畠山武道・相内俊一 500円＊

No.16
情報化時代とまちづくり
千葉純・笹谷幸一 600円（品切れ）

No.17
市民自治の制度開発
神原勝 500円＊

No.18
行政の文化化
森啓 600円＊

No.19
政策法務と条例
阿部泰隆 600円＊

No.20
政策法務と自治体
岡田行雄 600円（品切れ）

No.21
分権時代の自治体経営
北良治・佐藤克廣・大久保尚孝 600円＊

No.22
地方分権推進委員会勧告とこれからの地方自治
西尾勝 500円＊

No.23
産業廃棄物と法
畠山武道 600円＊

No.24
自治体計画の理論と手法
神原 勝 600円（品切れ）

No.25
自治体の施策原価と事業別予算
小口進一 600円＊

No.26
地方分権と地方財政
横山純一 600円（品切れ）

No.27
比較してみる地方自治
田口晃・山口二郎 600円＊

No.28
議会改革とまちづくり
森啓 400円（品切れ）

No.29
自治体の課題とこれから
逢坂誠二 400円＊

No.30
内発的発展による地域産業の振興
保母武彦 600円（品切れ）

No.31
地域の産業をどう育てるか
金井一頼 600円＊

No.32
金融改革と地方自治体
宮脇淳 600円＊

No.33
ローカルデモクラシーの統治能力
山口二郎 400円＊

No.34
政策立案過程への戦略計画手法の導入
佐藤克廣 500円＊

No.35
「変革の時」の自治を考える
神原昭子・磯田憲一・大和田健太郎 600円＊

No.36
地方自治のシステム改革
辻山幸宣 400円（品切れ）

No.37
分権時代の政策法務
礒崎初仁 600円＊

No.38
地方分権と法解釈の自治
兼子仁 400円＊

No.39
「近代」の構造転換と新しい「市民社会」への展望
今井弘道 500円＊

No.40
自治基本条例への展望
辻道雅宣 400円＊

No.41
少子高齢社会の自治体の福祉法務
加藤良重 400円＊

No.42
改革の主体は現場にあり
山田孝夫 900円

No.43
自治と分権の政治学
鳴海正泰 1,100円

No.44
公共政策と住民参加
宮本憲一 1,100円＊

No.45
農業を基軸としたまちづくり
小林康雄 800円

No.46
これからの北海道農業とまちづくり
篠田久雄 800円

No.47
自治の中に自治を求めて
佐藤守 1,000円

No.48
介護保険は何をかえるのか
池田省三 1,100円

No.49
介護保険と広域連合
大西幸雄 1,000円

No.50
自治体職員の政策水準
森啓 1,100円

No.51
分権型社会と条例づくり
篠原一 1,000円

No.52
自治体における政策評価の課題
佐藤克廣 1,000円

No.53
小さな町の議員と自治体
室埼正之 900円

No.55
改正地方自治法とアカウンタビリティ
鈴木庸夫 1,200円

No.56
財政運営と公会計制度
宮脇淳 1,100円

No.57
自治体職員の意識改革を如何にして進めるか
林嘉男 1,000円

No.59
環境自治体とISO
畠山武道 700円

No.60
転型期自治体の発想と手法
松下圭一 900円

No.61
分権の可能性
スコットランドと北海道
山口二郎 600円

No.62
機能重視型政策の分析過程と財務情報
宮脇淳 800円

No.63
自治体の広域連携
佐藤克廣 900円

No.64
分権時代における地域経営
見野全 700円

No.65
町村合併は住民自治の区域の変更である
森啓 800円

No.66
自治体学のすすめ
田村明 900円

No.67
市民・行政・議会のパートナシップを目指して
松山哲男 700円

No.69
新地方自治法と自治体の自立
井川博 900円

No.70
分権型社会の地方財政
神野直彦 1,000円

No.71
自然と共生した町づくり
宮崎県・綾町
森山喜代香 700円

No.72
情報共有と自治体改革
片山健也 1,000円

No.73
地域民主主義の活性化と自治体改革
山口二郎 900円

No.74
分権は市民への権限委譲
上原公子 1,000円

No.75
今、なぜ合併か
瀬戸亀男 800円

No.76
市町村合併をめぐる状況分析
小西砂千夫 800円

No.78
ポスト公共事業社会と自治体政策
五十嵐敬喜 800円

No.80
自治体人事政策の改革
森啓 800円

No.82
地域通貨と地域自治
西部忠 900円（品切れ）

No.83
北海道経済の戦略と戦術
宮脇淳 800円

No.84
地域おこしを考える視点
矢作弘 700円

No.87
北海道行政基本条例論
神原勝 1,100円

No.90
「協働」の思想と体制
森啓 800円＊

No.91
協働のまちづくり
三鷹市の様々な取組みから
秋元政三 700円＊

No.92
シビル・ミニマム再考
松下圭一 900円

No.93
市町村合併の財政論
高木健二 800円＊

No.95
市町村行政改革の方向性
佐藤克廣 800円

No.96
創造都市と日本社会の再生
佐々木雅幸 900円

No.97
地方政治の活性化と地域政策
山口二郎　800円

No.98
多治見市の総合計画に基づく政策実行
西寺雅也　800円

No.99
自治体の政策形成力
森啓　700円

No.100
自治体再構築の市民戦略
松下圭一　900円

No.101
維持可能な社会と自治体
宮本憲一　900円

No.102
道州制の論点と北海道
佐藤克廣　1,000円

No.103
自治基本条例の理論と方法
神原勝　1,100円

No.104
働き方で地域を変える
山田眞知子　800円（品切れ）

No.107
公共をめぐる攻防
樽見弘紀　600円

No.108
三位一体改革と自治体財政
岡本全勝・山本邦彦・北良治・逢坂誠二・川村喜芳　1,000円

No.109
連合自治の可能性を求めて
松岡市郎・堀則文・三本英司・佐藤克廣・砂川敏文・北良治他　1,000円

No.110
「市町村合併」の次は「道州制」か
森啓　900円

No.111
コミュニティビジネスと建設帰農
松本懿・佐藤吉彦・橋場利夫・山北博明・飯野政一・神原勝　1,000円

No.112
「小さな政府」論とはなにか
牧野富夫　700円

No.113
栗山町発・議会基本条例
橋場利勝・神原勝　1,200円

No.114
北海道の先進事例に学ぶ
宮谷内留雄・安斎保・見野全・佐藤克廣・神原勝　1,000円

No.115
地方分権改革の道筋
西尾勝　1,200円

No.116
転換期における日本社会の可能性～維持可能な内発的発展
宮本憲一　1,100円

［TAJIMI CITY ブックレット］

No.2
転型期の自治体計画づくり
松下圭一　1,000円

No.3
これからの行政活動と財政
西尾勝　1,000円（品切れ）

No.4
構造改革時代の手続的公正と第二次分権改革
鈴木庸夫　1,000円

No.5
自治基本条例はなぜ必要か
辻山幸宣　1,000円

No.6
自治のかたち、法務のすがた
天野巡一　1,100円

No.7
自治体再構築における行政組織と職員の将来像
今井照　1,100円（品切れ）

No.8
持続可能な地域社会のデザイン
植田和弘　1,000円

No.9
「政策財務」の考え方
加藤良重　1,000円

No.10
市場化テストをいかに導入するべきか
竹下譲　1,000円

No.11
市場と向き合う自治体
小西砂千夫・稲澤克祐　1,000円

［北海道自治研ブックレット］

No.1
市民・自治体・政治
再論・人間型としての市民
松下圭一　1,200円

No.2
議会基本条例の展開
その後の栗山町議会を検証する
橋場利勝・中尾修・神原勝　1,200円

No.3
福島町の議会改革
議会基本条例＝開かれた議会づくりの集大成
溝部幸基・石堂一志・中尾修・神原勝　1,200円

No.4
議会改革はどこまですすんだか
改革8年の検証と展望
神原勝・中尾修・江藤俊昭・廣瀬克哉　1,200円

［地域ガバナンスシステム・シリーズ］
（龍谷大学地域人材・公共政策開発システム・オープン・リサーチセンター（LORC）…企画・編集）

No.1
地域人材を育てる自治体研修改革
土山希美枝　900円

No.2
公共政策教育と認証評価システム
坂本勝　1,100円

No.3
暮らしに根ざした心地よいまち
1,100円

No.4
持続可能な都市自治体づくりのためのガイドブック
1,100円

No.5
英国における地域戦略パートナーシップ
編：白石克孝、監訳：的場信敬　900円

No.6
マーケットと地域をつなぐパートナーシップ
編：白石克孝、著：園田正彦　1,000円

No.7
政府・地方自治体と市民社会の戦略的連携
的場信敬　1,000円

No.8
多治見モデル
大矢野修　1,400円

No.9
市民と自治体の協働研修ハンドブック
土山希美枝　1,600円

No.10
行政学修士教育と人材育成
坂本勝　1,100円

No.11
アメリカ公共政策大学院の認証評価システムと評価基準
早田幸政　1,200円

No.12
イギリスの資格履修制度
資格を通しての公共人材育成
小山善彦　1,000円

No.14
炭を使った農業と地域社会の再生
市民が参加する地球温暖化対策
井上芳恵　1,400円

No.15
対話と議論で〈つなぎ・ひきだす〉ファシリテート能力育成ハンドブック
土山希美枝・村田和代・深尾昌峰
1,200円

No.16
「質問力」からはじめる自治体議会改革
土山希美枝　1,100円

No.17
東アジア中山間地域の内発的発展
日本・韓国・台湾の現場から
清水万由子・＊誠國・谷垣岳人・大矢野修　1,200円

〔生存科学シリーズ〕

No.2
再生可能エネルギーで地域がかがやく
秋澤淳・長坂研・小林久 1,100円

No.3
小水力発電を地域の力で
小林久・戸川裕昭・堀尾正靭
1,200円＊

No.4
地域の生存と社会的企業
柏雅之・白石克孝・重藤さわ子
1,200円

No.5
地域の生存と農業知財
澁澤栄・福井隆・正林真之 1,000円

No.6
風の人・土の人
千賀裕太郎・白石克孝・柏雅之・福井隆・飯島博・曽根原久司・関原剛
1,400円

No.7
地域からエネルギーを引き出せ！ PEGASUS ハンドブック
監修：堀尾正靭・白石克孝、著：重藤さわ子・定松功・土山希美枝
1,400円

No.8
地域分散エネルギーと「地域主体」の形成
風・水・光エネルギー時代の主役を作る
編：小林久・堀尾正靭、著：独立行政法人科学技術振興機構 社会技術研究開発センター「地域に根ざした脱温暖化・環境共生社会」研究開発領域 地域分散電源等導入タスクフォース
1,400円

No.9
省エネルギーを話し合う実践プラン46
エネルギーを使う・創る・選ぶ
編著：中村洋・安達昇
編者著：独立行政法人科学技術振興機構 社会技術研究開発センター「地域に根ざした脱温暖化・環境共生社会」研究開発領域
1,500円

No.10
お買い物で社会を変えよう！
レクチャー&手引き
編著：永田潤子、監修：独立行政法人科学技術振興機構 社会技術研究開発センター「地域に根ざした脱温暖化・環境共生社会」研究開発領域　1,400円

〔私たちの世界遺産〕

No.1
持続可能な美しい地域づくり
五十嵐敬喜他　1,905円

No.2
地域価値の普遍性とは
五十嵐敬喜・西村幸夫　1,800円

No.3
世界遺産登録・最新事情
長崎・南アルプス
五十嵐敬喜・西村幸夫　1,800円

No.4
新しい世界遺産の登場
南アルプス［自然遺産］九州・山口［近代化遺産］
五十嵐敬喜・西村幸夫・岩槻邦男・松浦晃一郎
2,000円

〔別冊〕No.1
ユネスコ憲章と平泉・中尊寺供養願文
五十嵐敬喜・佐藤弘弥　1,200円

〔別冊〕No.2
平泉から鎌倉へ
鎌倉は世界遺産になれるか?!
五十嵐敬喜・佐藤弘弥　1,800円

［地方財政史］

高寄昇三著　各 5,000 円

大正地方財政史・上巻
大正デモクラシーと地方財政

大正地方財政史・下巻
政党化と地域経営
都市計画と震災復興

昭和地方財政史・第一巻
地域格差と両税委譲
分与税と財政調整

昭和地方財政史・第二巻
補助金の成熟と変貌
匡救事業と戦時財政

昭和地方財政史・第三巻
府県財政と国庫支援
地域救済と府県自治

昭和地方財政史・第四巻
町村貧困と財政調整
昭和不況と農村救済

［単行本］

フィンランドを世界一に導いた 100 の社会改革
編著　イルカ・タイパレ
訳　山田眞知子　2,800 円

公共経営学入門
編著　ボーベル・ラフラー
訳　みえガバナンス研究会
監修　稲澤克祐、紀平美智子　2,500 円

変えよう地方議会
～3・11 後の自治に向けて
編著　河北新報社編集局　2,000 円

自治体職員研修の法構造
田中孝男　2,800 円

自治基本条例は活きているか?!
～ニセコ町まちづくり基本条例の 10 年
編　木佐茂男・片山健也・名塚昭
2,000 円

国立景観訴訟～自治が裁かれる
編著　五十嵐敬喜・上原公子　2,800 円

成熟と洗練
～日本再構築ノート
松下圭一　2,500 円

地方自治制度「再編論議」の深層
監修　木佐茂男
青山彰久・国分高史一　1,500 円

韓国における地方分権改革の分析～弱い大統領と地域主義の
政治経済学　尹誠國　1,400 円

自治体国際政策論
～自治体国際事務の理論と実践
楠本利夫　1,400 円

自治体職員の「専門性」概念
～可視化による能力開発への展開
林奈生子　3,500 円

アニメの像 VS. アートプロジェクト～まちとアートの関係史
竹田直樹　1,600 円

NPO と行政の《協働》活動における「成果要因」
～成果へのプロセスをいかにマネジメントするか
矢代隆嗣　3,500 円

おかいもの革命
消費者と流通販売者の相互学習型プラットホームによる低酸素型社会の創出
編著　おかいもの革命プロジェクト
2,000 円

原発再稼働と自治体の選択
原発立地交付金の解剖
高寄昇三　2,200 円

「地方創生」で地方消滅は阻止できるか
地方再生策と補助金改革
高寄昇三　2,400 円

総合計画の新潮流
自治体経営を支えるトータル・システムの構築
監修・著　玉村雅敏
編集　日本生産性本部　2,400 円

総合計画の理論と実務
行財政縮小時代の自治体戦略
編著 神原勝・大矢野修　3,400 円

［自治体危機叢書］

2000 年分権改革と自治体危機
松下圭一　1,500 円

自治体財政破綻の危機・管理
加藤良重　1,400 円

自治体連携と受援力
もう国に依存できない
神谷 秀之・桜井 誠一　1,600 円

政策転換への新シナリオ
小口進一　1,500 円

住民監査請求制度の危機と課題
田中孝男　1,500 円

政府財政支援と被災自治体財政
東日本・阪神大震災と地方財政
高寄昇三　1,600 円

震災復旧・復興と「国の壁」
神谷秀之　2,000 円

自治体財政のムダを洗い出す
財政再建の処方箋
高寄昇三　2,300 円